法律启迪智慧 2

中西欧国家卷

余定宇 著

法律出版社
LAW PRESS · CHINA
北京

图书在版编目(CIP)数据

法律启迪智慧. 2, 中西欧国家卷 / 余定宇著. --
北京:法律出版社, 2023
ISBN 978-7-5197-8046-3

Ⅰ. ①法… Ⅱ. ①余… Ⅲ. ①法律—欧洲—青少年读
物 Ⅳ. ① D9-49

中国国家版本馆 CIP 数据核字(2023)第 122203 号

法律启迪智慧 2:中西欧国家卷
FALÜ QIDI ZHIHUI 2 : ZHONGXIOU GUOJIA JUAN

余定宇 著

责任编辑 张心萌
装帧设计 鲍龙卉

出版发行 法律出版社
编辑统筹 学术·对外出版分社
责任校对 裴 黎
责任印制 陶 松
经 销 新华书店

开本 A5
印张 5.125 **字数** 94 千
版本 2023 年 9 月第 1 版
印次 2023 年 9 月第 1 次印刷
印刷 三河市龙大印装有限公司

地址:北京市丰台区莲花池西里 7 号(100073)
网址:www.lawpress.com.cn
投稿邮箱:info@lawpress.com.cn
举报盗版邮箱:jbwq@lawpress.com.cn

销售电话:010-83938349
客服电话:010-83938350
咨询电话:010-63939796

书号: ISBN 978-7-5197-8046-3
定价: 39.00 元

凡购买本社图书,如有印装错误,我社负责退换。电话:010-83938349

目录

西欧风云——法律的蒙尘

Justice

导言：法律的内幕

本书的作用，是希望在普通公民的阅读范围内，最终为法学赢得一席之地。它将能引导起公众对法学的一种兴趣，而这种兴趣，最终，则必将会转化为我们社会走向法治的一种智慧。

——作者

在远古，回望地球，人类的祖先，还只是一群奇异而多毛的怪物。他们日日艰难地、困苦地，然而又总是人人自由地、平等地，游荡在同一片天空下。

经历过几百万年的艰难进化岁月，在极端严酷的生存竞争之中，这些昔日的野蛮人，一直在不停地挣扎着学做“人”。一代又一代，他们除始终坚持了那种“自由平等”的天性外，同时，也渐渐地学到了“公平”“正义”这两个社会和谐的最高准则。于是，年复一年，日复一日，在这些早期的人类中间，其实，就已经创造出了一种我们今日称之为“法律”的东西。

问世间，法是何物？法其实是一种“公平正义的行为习惯”。原始人在漫长的共同生活、共同进化的过程中，无可避免地产生出了许多诸如爱心、同情、诚实、公平以及权利、义务、秩序、正义等情感品质和风俗习惯。这些人类所特有的最可宝贵的情感习惯，无论在过去、现在或者将来，都是一切人群普遍尊崇的行为准则，都是人类大厦一些最永恒的支柱。正是缘于这种高尚的情感习惯，这群半人半兽似的怪物，才能有效地维持社会的和平与秩序，保障族群的进化与繁衍，从而，令一切文化科学乃至法学的进步，得以绵绵而生。亦正由此，这些原始人类的后代，才得以大步跨出荆棘丛生的丛林，渐渐地，所向披靡地发展成这个星球上最成功的一群。

但不幸，在人类这些高贵的好习惯不断发展的同时，另一些截然相反的坏习惯，例如，恃强凌弱、统治他人，掠夺他人、奴役他人，把自己的意志强加于他人等不良欲望，也相伴而生。5000 年前，亦即在人类开始进入阶级斗争、阶级压迫时代的时候，这些仅对少数人有利的坏习惯，被一小撮统治者们用法典的形式，以及监牢、铁链、皮鞭和大刀，强加给了全体的民众。从这时候起，法律的殿堂便开始蒙污。

5000 年来，在阶级社会里，人类的法律与人类的历史一样，都变成了一种文明与野蛮、“好习惯”与“坏习惯”并存的奇怪混合物。但“公平正义”消失了吗？没有。推开一道道神秘的法律之门，我们可以清楚地看到：一部漫长的世界法律史，其实，便正是一部“好习惯”与“坏习惯”的漫长战争史，也是一部“天理人权”与“统治阶级意志”的激烈抗争史。无可否认，法律的这种二重性一直延续到今天，而这场残酷的战争也一直持续到今天。但今日，历经 50 个世纪的艰难血战，回首前尘往事，我们终于可以欣喜地发现："公平正义"的理想之光，已重新照亮了许多国家的法律殿堂。而那些违反"公平正义"、践踏"自由平等"的"坏法律"和司法"坏习惯"，亦正开始在全球的范围内渐渐败退。

再问世间，法是何物，直教人生死相许？法，其实便是"自然天理"，法，就是"自由平等"。法起源于人类的"行为习惯"，而法的本质就是"公平正义"。所以，一切法律的故事，其实，便都应是关于"公平正义"的故事，而不应是关于刑罚镇压、铁窗与镣铐的故事；都应该是人类"自由平等"的故事，而不应是人类的专制与压迫的故事。5000年来，对"自由平等"和"公平正义"的热切追求，已成了全人类最共同的梦想，而那些世界各国世代流传的所罗门、包青天、安提戈涅、苏格拉底等人为追寻正义而不屈不挠的经典法律故事，那些公平正义如何终于在最后取得了胜利的无数个精彩法律故事，无形中，便已成为一座座记录着人类前进足迹的里程碑。

有一位法学家曾经说过："法律的目的不是要废除或限制人民的自由，而是要保护和扩大人民的自由。"有一位法学家也曾经讲过："法律是人类最伟大的发明。别的发明让人类学会驾驭自然，而法律的发明，则令人类学会如何驾驭自己。"

今时今日，全世界的法治潮流，已化作了一阵阵拍岸的涛声。而中国人，在经历了整整一个世纪漫长而又痛苦的摸索之后，也终于又一次历史性地站到了一个法治时代的大门口。我们再也不能犹豫观望、左右徘徊了——中国的法律现代化进程要加速进步，中国的法制要与国际先进潮流接轨，这既是100多年来中国无数志士仁人为之苦苦求索、奋斗的一个强国梦，在今天，亦已经成了一个无可阻挡的历史趋势。当此时候，我们不妨再一次走出国门，再一次去睁开眼睛看世界，去到那天之涯、海之角，去追寻一下世界各国的法律故事，去探索一下人类古今的法治精神。

有人说，法学是一个大迷宫。但其实，法学是对人类灵魂的一种指引。只要你肯用心去看，肯用心去听，并懂得不时从这个迷宫里抬起头来，仰望一下星空，那么，你便会发现："自由平等"和"公平正义"的法学理想，是怎样恒久地照耀着人类历史的过去，而同样，它们亦会怎样恒久地照亮——我们这个伟大民族的将来。

楔子：神秘的足迹

370 万年前，非洲东部，坦桑尼亚境内，那座山顶终年积雪的乞力马扎罗山上，发生了一次猛烈的火山爆发。炽热的火山熔岩从四面八方奔涌而下，无情地摧毁了百里之内的一切事物和生命——包括山川、河流、森林、湖泊，还有，一切栖息在这里的飞禽走兽。今时今日，这座巨大的史前火山群遗址，已变成了塞伦盖蒂国家公园的一部分，公园里，厚厚的火山灰岩层下，大量埋藏着的动植物化石，至今仍在无声地记录着那一场远古的浩劫。

1976 年，一支考古队在此地的一个湖边，发现了一行神秘的足迹——人的足迹。那些足迹的化石，历经 370 万年的风风雨雨，至今仍完好地保留在火山脚下那一片火山灰岩层上。据考察，脚印是由三个直立行走的原始人所留下的——一男一女、一个小孩。三种大小不同的足印，由南向北，长约 50 米，渐行渐远，然后在湖边消失。从足印的长度来推算，男的身高最多只有 140 厘米，女的只有 120 厘米，比现代人的身高要矮得多。

足迹震惊了世界。如果这些足迹真的是人的脚印的话，那么，人类历史的起源，就将无可争辩地往前整整推进了 200 万年！

这些神秘的足印也引发了人们无穷的遐想：在那场遥远的浩劫后，非洲的天幕下，为何会出现了三个半人半兽似的小矮人的身影？他们或许是此地的匆匆过客？又或许是那场灾劫的唯一幸存者？总之，在一缕缕劫后的余烟和那一派史前的死寂之中，他们确曾在此地徘徊过。或许，他们曾悲哀地对望过一眼，然后，无可选择地黯然离去，艰难、迷茫地重新踏上了他们的命运旅途。而在他们的身后，那厚厚的火山灰泥泞上，无意中，便留下了一行深深的足印。

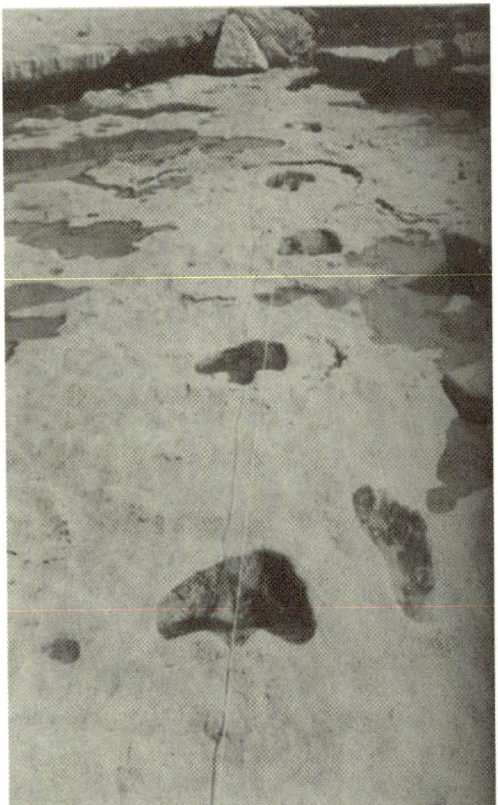

考古发现的远古人类脚印和不知名的动物脚印。

他们从何处来？又要往何处去？夕阳西下，满目疮痍，在那一片万古的蛮荒里，这一家三口的结局又将会是如何？这一切的一切，现代人都是无法知晓的了。但人们所能知道的是：早在370万年前，人类的历史便已经开端。而在非洲的一片荒野地上，有三个小矮人，曾留下过一行地球上最伟大的脚印。

有了人，就开始有了人类的历史，就会慢慢地开始有人类法律的故事。所以，我们的世界法律之旅，第一站，便打算从非洲开始。

Justice

英格兰原野

——法律的重生

1689年，英国“光荣革命”后颁布的《权利法案》，在人类历史上，第一次用法律的形式宣告了王权的失败。从此，世界人民从数千年君主专制的压迫下，开始逐步地、一点一滴地获得了日益增多的权利和自由。

Justice

《大宪章》：温莎堡草地上的羊皮纸

"法律高于国王之上，连国王也不得违反！"

——13世纪英国《大宪章》的精神

自罗马帝国陆沉之后，欧洲大陆的司法活动，主要便是以宗教法庭、神明裁判及当事人决斗等种种非理性的方式来进行。而古代曾经灿烂一时的罗马法学，却长期被人遗忘，沉埋于一地的废墟之中。

忽然间，历史的阳光穿透了大西洋的浓雾，从英格兰的山巅上升起。英国普通法——这只中世纪法学的丑小鸭，却在悄悄地继承了罗马法精神的基础上，又以其独具的天赋而渐渐成长为一只美丽的白天鹅。在其后的800年里，在这只白天鹅展翅翱翔四海的同时，英伦三岛——这个大西洋上的小小岛国，便也像古罗马那样，成为当前世界许多重要法律理论和制度的一个重要发源地。

因此，离开意大利之后，我们的"世界法律之旅"下一站的目标，便是直奔英国。

此刻，我们正倚立在一艘海轮的舷边，挥手告别了法国北部著名的敦刻尔克海港，向英吉利海峡对面的英伦三岛驶去。1940

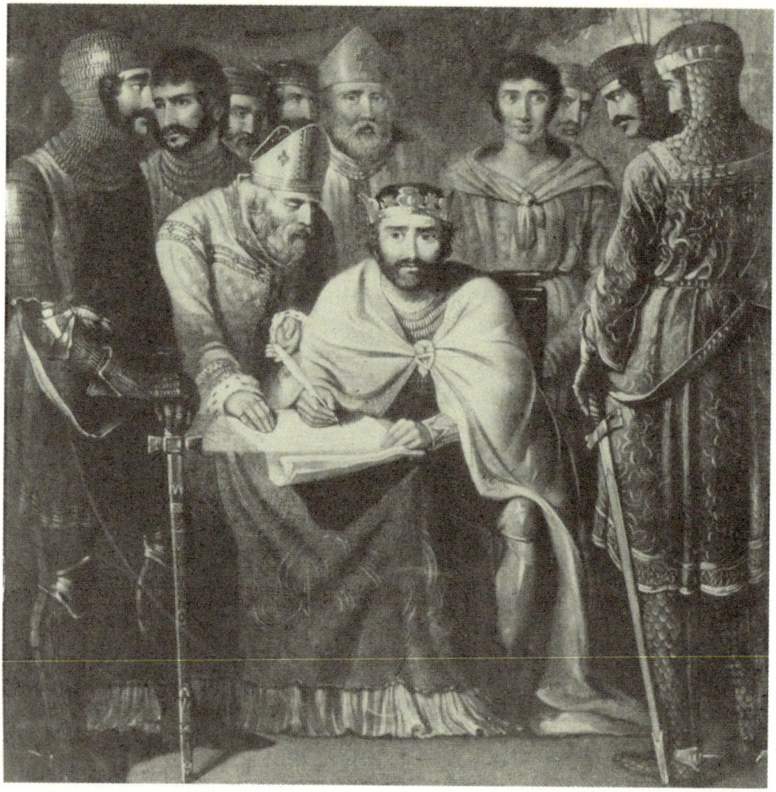

绘画：英王约翰签署《大宪章》。

年 5 月 27 日，第二次世界大战初期，英法联军曾有 40 万人，被德军的闪电战紧紧包围在这欧陆边缘的弹丸小镇。正当英法联军危在旦夕之际，可能是因为英吉利这名字取得实在是太好了的缘故吧，当时海峡两岸，便真的是“天佑女皇”，连续数日，天降大雾，令德军无法发动总攻击。而英国则趁机调集了全国大小船只，连续七天七夜进行了史无前例的跨海大营救。直至 6 月 4 日，浓雾散去，海峡上空，阳光灿烂，德军的飞机大炮坦克才得以一齐向这小镇狂轰。3 万多名后卫官兵顷刻间全部灰飞烟灭，而 36 万被困的英法联军，则早已全部安然撤回了英国，只是在码头上，丢下了遍地的轻重武器堆积如山。这就是历史上著名的敦刻尔克大撤退。

说来也巧，我们当日刚好就是 6 月 4 日，敦刻尔克大撤退 60 周年纪念日。仰望着英吉利海峡上的蓝天浮云，遥想着 60 年前这海面上千帆抢渡、炮火连天的悲壮场面，有一刻，我几乎忘记了我们今日要去英国干什么。

好了，闲话休提，言归正传。我们的英国之行这一站，第一个目标，便是去考察伦敦附近的温莎堡。因为这座草色青青的美丽古堡，可以说，是全世界、全人类第一部宪法的发源地。

温莎堡，位于伦敦西北 30 公里处的泰晤士河畔。这里地势高峻，周围环绕着大片碧绿如茵的草地和茂密的森林。这座拥有众多巍峨宫殿、风景如画的庞大古堡群，屈指算来，已经有将近 1000 年的历史了。近几年来，这座童话世界般的“王城”，已大部分对公众开放，并成为了英国一个著名的旅游胜地。我们来此，无心寻觅当今女王幼年时代的绿野仙踪，更没空听我们的导游津津有味地讲那位不爱江山爱美人的温莎公爵（爱德华八世）的风流韵事。我们只是人人手持一个像电视遥控器似的，用汉语解说的导游语音系统，随大流，走马观花地游览了一下滑铁卢大厅和圣乔治教堂后，便走出了那座气势雄伟的大石门，来到了古堡西边，伊顿公学网球场附近的一片青草地上。

—《大宪章》原件。

这片看来普普通通的绿草地上，近 800 年前，却上演过英国历史上最伟大的一幕。

说起来，往事如烟。1215 年 6 月 15 日清晨，一阵阵急骤的马蹄声惊醒了温莎堡。几十个英国贵族身带佩剑，来到此地，齐齐聚集在我们现在站立的这一片青草地上。他们聚集在此地的目的，原来，是要向一贯专横而粗暴的国王约翰递交一份请愿书，要求国王保证：从今以后，遵守契约，遵守法律，不得再侵犯这班贵族们的这个权利那个权利。他们的随从和一大队铁甲骑兵们则隐伏在附近茂密的树林里，时刻准备着，万一这场与国王“说法”的谈判破裂，就全军出动，向会场冲锋。

以武装叛乱来反对国王，这在封建时代岂非是滔天的死罪？但“不自由，毋宁死”。这一小批意志坚定的人，在这片绿草地上为国王准备了一个小帐篷和宝座，还有一卷写在羊皮纸上的请愿书。当然，还有密林里隐伏着的几千把军刀。

在紧张的静默和等待中，连太阳也不安地躲在阴云里。终于，上午 9 时左右，温莎堡方向出现了一支小马队。人们逐渐看清了是约翰国王、教皇使节、坎特伯雷大主教和一小队卫士。国王一行在绿草地上漫不经心地下了马，然后，一个年长的贵族代表迎上前去，简要地说了几句话，并恭敬地向国王献上了那一小卷羊皮纸。

约翰王展开那卷羊皮纸，大略地浏览了一下，只见上面写着：“国王在没有征得贵族同意时，不可随意收取赋税，也不能任意向

温莎城堡的兰尼米德（Runnymede）——1215年《大宪章》的签署地。

臣民勒索财款……”“不经同等身份的人的合法裁决和本国法律的审判，国王不得将任何人逮捕囚禁，不得剥夺其财产，不得施加任何刑罚折磨……”还有许多鸡毛蒜皮的不得这样、不得那样。最后的一条，令约翰王皱起了眉头，这一条写着：“假如国王违背诺言，贵族则有权拿起武器驱除暴君……全国人民都应站在起义者这一边，”等等。

据说当时，短暂的静默，这片绿草地上的空气严峻得似乎要凝结住。之后，出乎意料地，国王竟点了点头，表示了同意，并将这卷羊皮纸——“贵族权利纲领”转给了他的大法官。然后，国王转身上马，不失尊严地离开了这片绿草地，返回了温莎堡。

4 天后，以这卷羊皮纸为蓝本的，经大法官们修饰敲定的“英国人民自由契约”——《大宪章》诞生了。

一场伟大的请愿，诞生了一部伟大的法律，产生出了一种杰出的智慧。在后来的岁月里，《大宪章》的基本的内容，已逐渐发展成为英国全部关于人民的自由、平等、人身安全、财产安全及政府的权力边界等法律制度最初的基石，也逐渐发展成为英国宪法和法治传统的基本支柱，这恐怕是当天批准了这份文件的约翰国王，以及全体参与请愿的贵族们所没有预料到的事。

英国法与罗马法相比，显然是“青出于蓝”，但却“更胜于蓝”。

我们暂且撇开宪章中那些琐碎内容不谈，首先来研究一下这场“羊皮纸事件”本身。虽然在 13 世纪的英国，贵族们并不懂得，也不关心人民大众的自由权利和议会的民主，但他们却坚信着一条光辉的原则，这原则就是：法律高于国王之上，连国王也不得违反！

国王也要受法律的约束？这是咱们中国 5000 年来所有的政治家、思想家们连想也不敢想的事！在我们中国的历史上，国王从来都是至高无上的“天之骄子”——天子。皇帝手操对天下万民生杀予夺的一切大权，法律只是他手上用来惩罚人民的一件工具。而对于像秦始皇之类的暴君，中国人一般都只知道这两种方法：一就是逆来顺受，忍受、忍受、再忍受；二就是忍无可忍之时便群起而造反，把那家伙一刀杀掉，把他的宫殿一把火烧掉，再随便弄个刘三、李二出来当皇帝。而从来就没有人想过：要用法律去约束皇帝。因此，在中国，5000 年来的历史上，社会矛盾的解决，便从来就只有一种激烈破坏的暴动，而从来就没有一条中间的和理性的道路可走。

但英国人就不同了。据说，英国人最自豪的便是他们的自由。他们个个都自称是生而自由的英国人（Free-born Englishmen），就像我们人人都自称是炎黄子孙一样。但自由需要一个稳定的社会来保障，因此，英国人对专制暴君的斗争，一般地，总是不愿简单地把他推翻，而总是想在保住他的王权、保住一个国家的稳定的情况下，去争取臣民自己最多的权利和最大的自由。温莎堡草地上的那卷羊皮纸，其实，正是英国这种民族传统的一个最好写照。这传统就是——通过诉诸法律的方式，来确定统治者与人民之间的权利义务，在“权力”与“权利”之间划出一条清晰的边界。君主与人民要互相尊重对方的权利，但谁也不准越位，以避免社会陷入一种无谓的急剧动乱，来求得一种社会的和平、经济的进步与民族的团结。当年的约翰王很懂得适时妥协，而当年的贵族与人民，亦很懂得适当的退让。于是，法律在英国，便日渐成为一种至高无上的东西，君主与人民，大都懂得依法来自我克制。亦正是由此，在英国，传统才得以延续，历史便没有割断。所以，今日的英国，尽管社会生活已经发生了天翻地覆的变化，但山河却依旧是青葱，国家依然会有女王、有贵族，女王依然能保有王室华丽的马车和庄严的皇宫古堡，而人民，却享有一种比世界上大多数人民都自由和安宁的生活。

今时今日，常常会有许多中国游客来到温莎堡。但在这些游客之中，有人只欣赏风景的美丽，有人只惊叹王室的奢华，有人只看到大英帝国的衰落，有人却只会鹦鹉学舌般地嘲笑英国革命的“不彻底”。而对于第四种人，我只想建议他：先生，当你在对英国的宪法精义妄加嘲弄之前，你不妨先走出温莎堡的城墙之外，去好好地欣赏一下那片——碧绿了一千年的青草地。

法学链接

“宪法”这个词，是我们从日本那里“出口返内销”而传回到中国来的，它指一国全部法律体系中明确规定公民的基本权利与国家机关的基本职权的、法律效力最高的那部“根本大法”。

在古汉语的意思中，“宪”与“法”本是异文同义，两者意思是一样的。但日本人却坚持认为：“宪”字比“法”字有更高级、更庄严的含义，所以，他们将最高位的法律称为“宪法”，以区别于其他刑、民、行政的基本法律和普通法律。今日中国，也采用了日本人的这种称谓，将根本大法称为“宪法”。

因为“宪法”最早的雏形起源于英伦三岛，所以英国的宪法，又被称为“世界宪法之母”。

大英博物馆：孙中山和“三民主义”的起源

“余致力国民革命凡四十年，其目的，在中国之自由平等……”

——孙中山先生之《总理遗嘱》

离开了草色青青的温莎堡之后，我们的法律之旅返回了伦敦。

据说，1666年的一场大火，曾烧毁了伦敦城内的13万所房屋和整整100座教堂，而几乎把伦敦的旧城都化为了一片灰烬。此后，这个城市不断地重建又不断地遭受到战火的毁坏，但伦敦城，却像传说中的一只不死鸟，一次又一次地从火焰中重生。今天，用苏格兰诗人威廉·邓巴的诗句来说，这座美丽的城市，已成为一座全世界的“万城之花”。

伦敦有许多著名的旅游景点，如伦敦塔、伦敦桥、大本钟、威斯敏斯特教堂等，都是吸引各国游客的好去处。但我们今日的伦敦之行，却只是想参观我们心目中的一个圣地——大英博物馆。这里面的重要原因是：因为此地，曾经是中国革命先行者孙中山先生的光辉思想——“三民主义”的孕育之地，也是近代中国那场由孙中山所一手策动的“民主法治”运动的起源地！

谁能想得到，这座博物馆，原来，竟然与中国的前途命运有如此密切的关系！

走近那家坐落于罗素大街上的大英博物馆，只见一座颇似希腊雅典帕特农神庙的宏伟殿堂矗立在我们的面前。其实，这座始建于1759年的大英博物馆，其前身只不过是一座小小的蒙塔古宫。宫里收藏有少量的图书和一些绘画、雕塑、动植物标本，是一个美术馆、博物馆与图书馆三位一体的机构。但100年后，由于得到皇室的大力扶持，这座博物馆的藏书数量已达到100万册以上，而从全世界各地收罗而来的无数珍稀文物亦堆积如山，于是，大英博物馆便进行了大规模的扩建。现时，大英博物馆新建的不列颠图书馆的藏书，已达到惊人的1200万册，日日来自世界各地的专家、学子、游客如云，成为当今世界当之无愧的最大的一座超级图书馆。

我们径直走进了这座罗素街上的“老古玩店”。原来，这座举世闻名的博物馆是不收门票的，所有参观者都可以自由地出入，还可以用照相机随意拍照。走进馆内那座著名的圆顶阅览室里，只见大厅的顶部足有10层楼那么高。大量的阳光由20扇圆拱形的大窗倾泻进来，使整个大厅的采光十分充足。大厅墙上建有两层半壁式的环回走廊，走廊与底层靠墙的一面，排满了密密麻麻的书架和图书，放眼一望，真的是一片书的海洋。据说，这里的一切，都保持着100多年前的旧貌。底层的大厅里，以服务台为中

大英博物馆的顶层阅览室（British Museum Reading Room）。

心，向外辐射出 20 排长桌，每一排桌子都是两面对座，中间有隔板挡着，总数为 320 个座位。这在当时的世界上，已经是藏书最丰富、座位最多的阅览室了。

又据说，100 多年前，当孙中山流亡伦敦时，便曾经有上百次来这里学习过世界各国的法律和政治。而眼前这 320 个座位中，不知有哪一座，曾留下过我们这位国父的身影？

这故事要说回到 1895 年。自孙中山发动第一次反清起义——广州起义失败后，清廷通缉孙中山，孙中山被迫远走他乡。抵达伦敦 12 日后，他便被清公使馆诱捕了，准备用木笼装运回国，五马分尸。由于孙中山老师康德黎的奔走呼号，当时的英国政府，对这位东亚弱国小人物所遭受的不公正待遇，竟然给予了强烈的关注。他们依照国际公法强烈警告清政府，不得在他们的天空下践踏一个公民的自由与人权，清政府万般无奈，才被迫释

放了孙中山。经过这一段伦敦蒙难记之后，孙中山对英国“民权、法治”社会的光辉价值，便有了一种切身的体会。于是，他开始对西方先进的民主法治学说产生了强烈的兴趣。

在孙中山流亡伦敦的9个月里，据说，曾有5个月的时间，他都是在这座圆顶的阅览室里度过的。据孙中山的恩师、英国医生康德黎博士的回忆：“孙中山没有浪费一分钟时间去玩乐，他总是不停地工作，阅读一切学科的书籍……很少有人在追求知识上达到像他那样的范围。”正是在大英博物馆里，孙中山才第一次看到了洛克（英）的“天赋人权”，看到了贝卡利亚（意）的“罪刑法定”“无罪推定”，看到了法兰西自由三剑侠——伏尔泰、卢梭、孟德斯鸠的“自由、平等、博爱”、“社会契约论”及“法的精神”，看到了杰弗逊（美）义薄云天的《独立宣言》。孙中山最欣赏的，还是美国总统林肯的“民治、民享、民有”和法国《人权宣言》里的

青年时的孙中山（左起第二人）和友人们合影。

那句“法律面前，人人平等”。他还研究过克伦威尔、华盛顿、罗伯斯庇尔、拿破仑等人的传记，甚至，他可能还研读过马克思的《资本论》！从大英博物馆收藏的这些全人类最优秀的思想文化成果里，终于，孕育出了一个近代中国最伟大的灵魂！渐渐地，一个概括为“民族、民权、民生”的三民主义思想，便开始在这个日日来大英博物馆里刻苦读书的中国人——孙中山的脑海里萌生。

如果时光能倒退回 100 多年前，我们便可以看到，从大英博物馆里走出来的时候，孙中山，已经从原先一个洪（秀全）杨（秀清）之辈似的普通造反者，脱胎换骨，一跃而成为一个胸怀大志、博学多识并矢志不渝地为中国之自由平等而奋斗的革命者和宪法学家。大英博物馆的阅览室呵，你那高高的圆顶上流泻下来的阳光，曾激发过多少志士仁人的灵感？而在你的怀抱里，又曾经孕育过多少个世界历史上的伟人？

在参观中，我们得知，大英博物馆历来有一句著名的宗旨，那就是：“保存和诠释人类的历史。”这儿不仅保存着温莎堡草地上的那卷羊皮纸，而且，还保存着伟大的共产主义者马克思的借书证和由他亲笔签名赠送给大英博物馆的两部《资本论》。而最令我们惊喜不已的则是，此地，竟然珍藏着孙中山先生当年的阅览证！阅览证上用英文记录着——“姓名：孙文，住址：荷兰公园克拉兰敦路 66 号”。当我们亲眼目睹了这张小小的阅览证时，那些遥远的岁月、人及历史，在我们的眼前，一下子，仿佛都变得像活生生的了。

离开伦敦之后，孙中山继续浪迹天涯，在全世界奔走呼号弘扬他的“三民主义”——“民族主义”即“自由”！“民权主义”即“平等”！而“民生主义”即“博爱”！如果说：资本主义的核心在追求个人的财富而社会主义的灵魂则在于为全体的国民谋幸福的话，那么，孙中山的“民生主义”，便显然是一种以全体国民的幸福为旨归的社会主义！而孙中山“民权主义”的最终目标，就是要把这古老的中华帝国，改造成一个以“民权法治”为基础的、人人都关心国事、人人都可以自由地参政议政的中华民国！自“三民主义”一出，这股孙旋风便迅即席卷了神州大地，为我们这头古老的东方病狮，注入了一个新的灵魂。而 15 年后，这股猛烈的龙卷风，终于掀翻了清帝的龙椅。追根溯源，这股龙卷风的发源地，毫无疑问，就正是伦敦这座古老的大英博物馆。

辛亥革命成功后，孙中山更马不停蹄地将他的法律思想付诸立法，为我们的中华民族缔造了开天辟地以来的第一部民主宪法——《中华民国临时约法》。而将法治引入政治，将中国的法律进行现代化改造并与世界先进的潮流接轨，孙中山，真可说是前无古人的中国第一人。

想当初慈禧太后临死时，一定曾切齿痛恨过英政府：为什么，要强迫我释放了孙中山？

作为一个中国人，老实说，我和所有的同胞们一样，对英国政府历史上曾对我国犯下的种种侵略行径深恶痛绝。但同样老实地说，我也和孙中山一样，对英国法治的传统，却始终心存着一种深深的敬意。这种法治的传统，是一种不因政府的改变而改变，不因执政党的政策观点和个人喜怒而改变的伟大传统。

当我们离开大英博物馆的时候，伦敦城里已经是万家灯火。站在城中高处，凝望着这座迷人的“万城之花”，我们期望，由孙中山先生所开创的中国民主法治事业，也会像伦敦城这只“不死鸟”那样，在我们中国的大地上浴火重生。

法律的喜剧：莎士比亚和他的《威尼斯商人》

"从法律规则中不能推论出任何所谓的正义，相反，法律规则的渊源是来自于我们关于何谓正义的认识。"

——1974年诺贝尔经济学奖获得者、英国经济学家哈耶克：《法律、立法与自由》

你知道吗，世界上，作品被改拍成电影次数最多的作家是谁？是英国的柯南·道尔？法国的大仲马、雨果？还是香港的倪匡、金庸？都不是。可以告诉你，独占这一项殊荣的，是英国伟大的剧作家莎士比亚。

千百年来，英国人对戏剧的热爱程度，就如西班牙人对斗牛的狂热程度一样。但当古希腊、古罗马戏剧盛行的时候，英国，还只不过是欧洲边缘上的一个乡野之地，大西洋上一个荒凉的小岛。十多个世纪以来，这个小岛曾先后被罗马帝国、日耳曼蛮族、丹麦的海盗及法国的诺曼底人征服过，但当征服者的战舰烽烟、马蹄军刀消逝后，英伦三岛的日子便又复归平静。在英格兰的原野上，野花依然开放，森林依旧青葱，曾经有数百年的悠闲时光，在英国的历史书上，几乎没有什么大事值得去记载。

正如英国前首相丘吉尔之所言：“由于远离纷扰的大陆，我们曾幸运地得享安宁。”不过，人们慢慢地发现，在上千年潮起潮落的岁月里，欧洲的入侵者们还是极大地改变了这些岛国人的生活。他们给英格兰留下的，不仅有许多古罗马剧场的废墟，有一种拉丁语和日耳曼语混合式的语言，而且，还在不知不觉中，给英国人留下了一部由罗马法、圣经教义、古老日耳曼的部落习俗融合而成的“习惯法”，以及一种对欣赏戏剧的狂热兴趣。这些东西，在英伦三岛的原野上，日复一日、年复一年地生长，我们面前的是伟大法律传统与世界最伟大的戏剧天才莎士比亚所创造的戏剧科学的奇异景观。

现在，我们的世界法律之旅，就正驱车前往英国中部沃里克郡的一个小镇，去探访这位天才的故乡。

位于埃文河畔的斯特拉福德镇，是一个美丽的小镇，清澈碧绿的埃文河水静静地环绕在它的身旁。河面上大群白天鹅在悠闲地游荡，河岸上，绿树成荫，碧草如茵，那座著名的圣三一教堂高高的尖顶，还依然像500年前一样，庄严耸立，直指苍穹。

这里既完好地保存着莎翁诞生时的那幢古老房子，又保留了他小学时上过课的文法教室，更完好地保存着他长眠的墓地。

1564年4月23日，莎士比亚诞生在这风光如画的小镇上一个皮匠之家，而不知是上天的安排还是巧合，52年后的4月23

日，他又在此地降下了他戏剧人生的最后帷幕。现今的斯特拉福德镇，已成了一个全世界的莎士比亚纪念中心——镇上专门建立了一幢二层楼的莎翁文献档案馆，建立了一座宏伟城堡式的皇家莎士比亚大剧院，小镇的桥头广场，矗立着一尊巨大的莎翁坐像，广场的四角，还树立了他剧中的4个代表人物的雕像：福斯塔夫（代表喜剧）、麦克白夫人（代表悲剧）、亨利五世（代表历史）、哈姆雷特（代表哲学）。每年的4月23日，小镇都要举行盛大的庆祝莎士比亚诞辰的活动，各国的政府使节、来宾与小镇居民们一起，浩浩荡荡地从他出生的那座老房子游行到他安葬的教堂，然后，再游行到镇上的皇家大剧院，去观看莎翁名剧的盛大演出。

我们来到小镇时已是6月，未能躬逢其盛，当然是会有一点儿遗憾。不过不要紧，镇上的皇家莎士比亚大剧院里，几乎日日都有莎翁的戏剧演出，全英国甚至全世界的演员们，都以能登上这剧院的舞台为荣。当晚在此地，我们就看到了一出精彩的莎翁名剧——《威尼斯商人》。

《威尼斯商人》这出喜剧，历来位居莎翁四大喜剧的榜首。它的故事情节大概如下——一位侠义的绅士安东尼，为了使贫穷而富有才华的青年巴萨里奥能与一位才貌双全的美少女鲍西娅结婚，不得不硬着头皮、放下老脸，向犹太商人夏洛克借高利贷3000元。当时，双方在契约上约定：万一到期不能还款，则夏洛克有权割去安东尼身上的一磅肉。岂料，因海上风暴，安东尼的货船迟迟不能抵港，货款不能周转，这笔高利贷便真的是无法偿还。安

绘画：莎士比亚戏剧《威尼斯商人》中的鲍西娅和夏洛克，英格兰画家Edward Alcock（1716–1817）创作于1778年。

东尼自知违约，表示甘愿接受一倍的罚款。但夏洛克此时，却狂性大发，非割肉不可，安东尼无奈，最后，唯有去法庭上论理，希望通过司法的途径，来寻求一个公平正义的解决。

那位才貌双全的鲍西娅小姐得知此事，便假扮安东尼的辩护律师来到法庭上。开庭时，原告夏洛克拿出那张合同证据，扬扬自得地说什么“契约自由”“契约神圣”之类，要求法官“依法”割肉。法官大人觉得此事很不妥，但一下子又想不出什么办法来驳斥夏洛克。因为，在那个时代的英国习惯法里，契约是绝对的自由，不管双方约定的是什么，一言既出，便具有法律的约束力，不能反悔。此时，鲍西娅开腔了：“法院必须判夏洛克胜诉！根据契约，夏洛克，完全有权割安东尼一磅肉。”此言一出，四座皆惊，而夏洛克却狂笑着大叫：这位律师真是“公正贤明”，然后，挥刀就扑向安东尼。但此时，鲍西娅又开腔了：且慢！这位绅士的“肉”判给你了，但他的“鲜血”并没有判给你。契约上提到的只有“肉”而没有提到“血”，如果在割肉的时候，哪怕是只流出一滴血，你都是违约！夏洛克一下子呆住了。而鲍西娅更接着说：你割肉的时候，只能按合同上的数量割，一磅就一磅，多一点儿、少一点儿都不行！否则你就是违约，按法律，你的全部财产都要被判充公！这时候，夏洛克完全懵住了，他急忙向法官大人和安东尼赔不是，连连表示算了算了，这官司我不打了行不行？但此时，鲍西娅却一步紧逼一步，她厉声喝道：“契约神圣！合同必须执行！否则只能视你为意图谋财害命！同样要受到法律严厉的制裁！”她逼着夏洛克说：割吧，割吧！而夏洛克拿刀的手却不停地颤抖着，像一条死狗似的瘫倒在台上……

喜剧演到此处时，全场观众欢声雷动，掌声如潮。而我们自己，也几乎是笑破了肚皮。

伟大的莎翁用他那支尖锐辛辣的鹅毛笔，无情地鞭挞了高利贷者的丑陋，歌颂了鲍西娅这位非法律专业人士杰出的法学智慧，看得出来，他自己也是一位对法律问题有深刻见解的业余法学家。

正是这位业余法学家写作的喜剧，令全英国的法学家在笑出眼泪之余，却也不得不开始去思考一个严肃的法学问题——究竟应该如何去进一步改革和完善合同法？

应该说，英国的契约法作为一个独立的法律部门，其形成是远较其他的法律部门为晚。据我所知，直到13世纪，英国才出现了有关违约的诉讼。在一个很漫长的岁月里，英国人对“契约”这回事，都只有一个极其简单的概念，那就是“双方合意”和“契约自由”就行了。经过莎士比亚的嘲笑、批判之后，今日英国的法律，对“契约自由”的神圣原则，已作出了必要的改革。他们在当初单一的“合意”原则基础上，陆续发展出了“合法”和“禁止出尔反尔”这两大原则。订合同时，双方必须要表达真实的意愿，签合同时，内容不得违反国家法律的规定，而且，除了不可抗力因素（如火山、地震、飓风等无法预料、无法对抗的大自然力量）之外，合同双方，均不能任意废弃合同，即使是因情况变化、一方有意解约，也必须经双方的平等协商且对受损失一方作出合理补偿之后，才能终止合同。这三大完备的合同法规则，对稳定英国的市场经济秩序发挥了极大的作用，而今时今日，随着英美商船在世界海洋上的四处游荡，和英美法系在世界上的传播，这些法律规则和法治思想，也几乎传遍了全球的每一个角落。

在许多人的观念中，只要“有法可依”“依法办事”就是法治了。殊不知，改革立法精神、提高立法技术，去努力追求“良法之治”，才是法治的真正目标之所在！当年莎翁的一出喜剧，就曾有力地推动了英国的良法之治。当然，我们是否可以把这一切的进步，都归功于莎士比亚那一场轻松幽默的搞笑或一次偶然的“歪打正着”？这一切都还可以商榷，但无论如何，继古希腊的安提戈涅、苏格拉底之后，我们又一次看到了：民众的智慧，又一次成为法律进步的源头活水。

下一节，我们将返回伦敦，那里有更多的关于法律规则起源的故事，而我们，则很乐意继续孜孜不倦地去追寻。

法学链接

欧洲中世纪时，基督教会严禁基督徒放债取息。《格拉提安教令集》中的一条教令称“任何以钱挣钱的借贷”都是一项重大的罪孽，所以一般人都不能经营借贷活动，犹太人便乘虚而入，经营借贷活动。当时，欧洲各国曾普遍有一种“银行家歧视”，荷兰等国的加尔文教派曾规定银行家及其雇员不得做礼拜，家属要经公开谴责后才可参加领圣餐礼。直至 17 世纪资产阶级革命时代，欧洲各国才陆续放松了禁令，银行业才开始逐渐合法化。不过，借贷活动的年利率一般都被限制在 10% 以下。

伦敦塔下："沉默权"的故事

"人无义务控告自己！"

——古代西方法律格言

有人说，走在伦敦城的大街小巷里，每一步，你都可以踩出一个法律故事来。这句话虽然夸张了一点儿，但实话实说，正因为这句话，才把我们的世界法律之旅吸引到伦敦来。

漫步在伦敦市中心特拉法加广场附近那些熙熙攘攘的商业街市里，无意中瞥见对面马路边有一幢相当陈旧的维多利亚式的石头大厦，门前挂着"烟草专管局"的招牌时，我不禁真的是服了这句话。因为，在这条普普通通的街市中，在这幢平平常常的石头建筑物里面，真的曾发生过一个颇为有趣的法律小故事——

这故事说来不长。100多年前，有位叫胡得乐的烟草批发商，无意中售出了一批假冒伪劣的烟草。就是这家专管局的执法人员，不辞劳苦地跟踪追查，查出以后，把他送进了法院。

说句公道话，这位胡先生平时也是一个奉公守法、对人和善的"忠商"而非"奸商"，但法官二话不说便重判了他一大笔罚金。

胡先生心疼得像被夏洛克割了一磅肉似的眼泪直流，并大声喊冤道：我既不是造假货的元凶，而作为一个批发商，我也绝无可能对货物去逐件检验，我本身也是一名受害者，为何要罚我？但法官耐心地告诉他：英国最近公布了一项法律，规定每一个工厂主老板、商店老板们，无论是对劳工的工伤事故或是对消费者的权益损害，都要负一种“严格责任”。即使该老板在事件中真的是毫无过错，但只要是出了事，法院都要依法强制你承担部分的赔偿或罚款。这不是不公平，而是要教育和警戒所有的大小老板们，做生意，要打起十二万分的精神，要时刻牢固树立“为人民服务”、对社会消费者大众负责的责任意识，这才能保障社会经济秩序的稳定和繁荣，最终，也才能保障所有的老板们都能“依法致富”。经过这样一番的“普法教育”，胡老板这才心服口服。

这项被简称为“严格责任制”的法律制度，在此后的一百多年间，更被推广适用于英国的维修业、建筑业、出租业、商品制造业、运输业甚至驾车人士的交通规则等广泛的领域。可以说，从英国此项法律制度开始，西方世界的市场经济，便开始走上了一条法治经济的康庄大道。

好了，伦敦城真的是一步有一个法律故事。而今日，我们主要的目标，是去伦敦塔下，去寻觅另一项风行全球的法律规则的起源——“沉默权”的起源。

记得在前文中，我们曾开玩笑地说过：耶稣在受审讯时一言不发，他很可能是世界法律史上最早发明了沉默权的人了。但其

绘画：伦敦塔和泰晤士河风光，苏格兰画家William Miller (1796-1882）绘画于1832年。

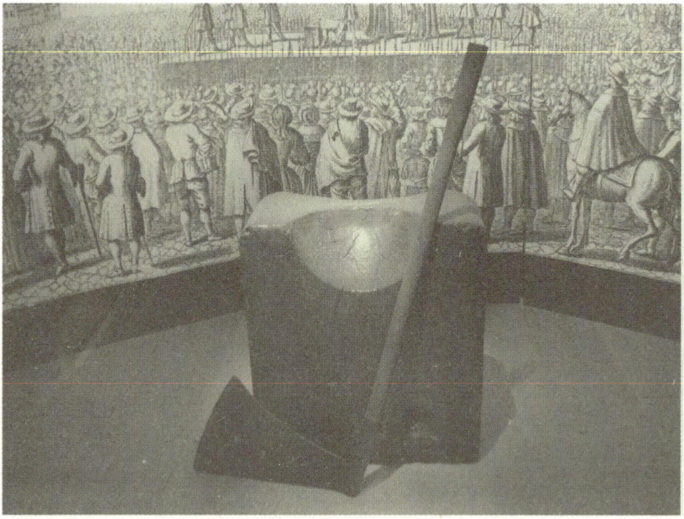

伦敦塔内陈列的一个砍头石墩和一柄斧子。根据背景绘画大概是砍掉英王查理一世头颅的那套刑具。

实，再往前追溯 500 年，在古罗马的公民中，早已流传着这样一句古老的格言："正义从未呼唤任何人揭露自己的犯罪。"无独有偶，古代英国也有一句异曲同工的日耳曼法谚，叫"人无义务控告自己"。所以，一讲到"沉默权"的起源，全世界许多法学家都会不约而同地提到：1639 年，有案可查的、发生在英国伦敦塔下的那宗李尔本受鞭笞案。

从白金汉宫出来，过滑铁卢桥，再沿着泰晤士河南岸向那座大名鼎鼎的伦敦塔桥行去，隔着轻波荡漾的河水，我们远远望见了那座端庄宏伟、四角有四座圆顶尖塔的古城堡——伦敦塔。从河这边望过去，伦敦塔就像是被包围在绿树丛中的一座宫殿，而绿树下就是河堤，河堤下，是奔流不息的泰晤士河和一艘艘白色的游艇。看到今日这一幅美丽的风景，谁能想得到，300 多年前，

英国关于刑事审判的漫画。

这里竟然是一个恐怖的监狱和刑场?

李尔本案其实只是一宗小案件,案情也十分简单明了。1639年某日,官府查获了一个不法书商,名叫约翰·李尔本,从他贩运的书籍里,发现有几本内容具有“煽动性的文字”的书。大概是一些对查理一世的宗教政策、税收政策表示不满的意见吧。于是,李尔本便被抓住,以“贩运禁书”及“煽动反政府邪说”的罪名,押往伦敦,开庭审判。

当年,主审这件案件的,是英国赫赫大名,以冷酷无情、不许上诉而著称的御前法庭——星座法庭(Star Chamber)。面对着威风凛凛、高踞座上的皇家大法官,李尔本这一介平民却毫无惧色,他拒不承认自己有罪,也坚决不肯开口回答一切有可能引诱他跌入陷阱的问题。无论法官如何地诱供、逼供,李尔本是下定决心,死不开口。

最后,法官恼羞成怒,以这家伙“藐视法庭”为由,决定对他施以鞭刑,以示威严。于是,李尔本便被拖到伦敦塔下的广场上。残酷的鞭刑公开执行了,其惨烈的场面,令在场围观的市民惊得目瞪口呆。

在鞭刑的过程中,李尔本一直在大声地惨叫,也一直在痛斥审讯的不公。伦敦的民众愤怒了——我们的自由权哪里去了?国王的法庭就不能比血腥的“宗教裁判所”更文明些、更人道些吗?大批愤怒的民众包围了行刑吏,伦敦塔下,“沉默!沉默!”“权利!权利!”的呼声响彻云霄。

原来，在英国有一个古老的传统：“没有法律，就没有犯罪。”用现代的法律术语来说，就是“罪刑法定”“法无明文不为罪”。

据此传统，法律没有禁止你去做的事，你做了，就不能算有罪。而当时，英国古老的习惯法里，并没有关于什么是“禁书”这一条，所以，李尔本的行为根本不能构成犯罪。

既然没有罪，你当然就不必去认罪，也就当然不必作什么“坦白交代”和“供出同伙”。面对法官来势汹汹的审问，你也就当然可以保持沉默，不加理会。在英国人的法律传统中，除了对上帝的自愿忏悔之外，任何人都不应该向其他人低头认罪，或在国王的法庭上被强迫着去证明自己有罪，因为当时的欧洲，是“神权”高于“王权”、“神法”高于“王法”。而在基督教会千年统治时期里所形成的这一法律传统，后来，被欧洲各国的法学家、启蒙思想家们巧妙地发挥成了“天赋人权”的权利之一。

因此，可以想象，当目睹着这些被宗教法所默许的天赋权利被国王的执法吏粗暴地践踏时，一贯以绅士风度著称的英国人的愤怒，会达到何等的程度。

李尔本是不幸的。当他被鞭打的时候，刚好是在英国资产阶级革命发生的前一年。这一年，斯图亚特王朝的专制野蛮达到了极点。

而李尔本又是幸运的，因为，他的冤案一年后就得到了平反。

1640 年，世界近代史上第一场资产阶级大革命在英国爆发。星座法庭被废除了，查理一世也被推上了断头台。议会掌权后，随即对李尔本案实行重审并宣布：星座法庭对李尔本一案的审判是不公正的、不合法的。而面对不公正的审讯，英国人有权保持沉默。

在其后的46年里，沉默权的故事还很曲折漫长。英国革命持续了近半个世纪，经历了5个统治者像走马灯似地轮番上台下台之后，1688年的“光荣革命”，才终于算是革命成功。皇室虽然还被保留着，但国家已交由一部宪法来管治。这部全世界第一部的宪法性文件叫作《权利法案》，而沉默权，就被明明白白地写在了《权利法案》里。

打那以后起，英国的《法官规则》明确规定：一旦警察有足够的理由和证据怀疑一个人犯了罪，那么，他在逮捕这个人之前，就必须对这个人进行警告，警告的内容是：“你没有义务一定要讲什么，除非你自己愿意讲。但一旦你讲了些什么东西，就会被记录下来，并用作呈交给法院的呈堂证供。”

你有权保持沉默。这条《法官规则》，虽然还没有半个字提到“沉默权”，但“沉默权”的意思，已经是非常地清楚了。

英国的司法公正迈出了一小步。而这一小步，后来却发展为世界司法文明的一大步。50多年前，这项给公民的一个有效的护身符，去抵御个别司法人员刑讯逼供的文明制度，发展成为了联合国刑事司法公正的一项国际准则，也成为全世界136个国家的警察和法庭在进行刑事侦查和诉讼活动时，都要一律遵守的游戏规则！

今日来到伦敦城的游客们，可能已很少有人会知道，360 多年前，这美丽的伦敦塔下曾经发生过什么故事。但这又有什么关系呢？只要他们是生活在阳光下和自由的空气中，同时，也生活在一个有人权、有公民的人格尊严的法治环境里，他就是一个自由的、幸福的公民。

“权利法案”：英国法官的“吉星”

“法官只有一个上司，那就是法律。”

——古代西方法律格言

伫立在西敏寺桥头，远眺那座金碧辉煌的、上面有个大本钟的英国议会大厦，近观这座高耸入云的威斯敏斯特大教堂，俯视着伦敦塔桥下那条长流不息的泰晤士河，我忽然发现，此地，正是一个讲述英国法律故事绝好的露天大讲堂。

这故事，还得从温莎堡的那片绿草地说起。自从13世纪初，英国人有了《大宪章》之后，英国政治，便渐渐地出现了一种三角形的模式：法律高高在上，国王与议会（由贵族、市民代表组成）分居两旁。议会要服从国王，国王要服从法律，而法律却又要服从议会（因为法律是议会所制定的）。在这样一个“铁三角”里面，英国法官们便有了两个上司：一方面，要绝对忠实于法律（其实即是要忠于议会）；另一方面，又要绝对忠实于国王（因为法官是国王任命的）。而夹在这两个上司的中间，如果二者相安无事的话，那么，法官的仕途便会一帆风顺，但如果这两个上司是吵闹不休

绘画：爱德华·柯克爵士（Edward Coke Lord Chief Justice），这幅肖像画创作于1741年。

甚至是拔刀相向时，那英国的法官们，就会经常面临着被炒鱿鱼甚至是上断头台的噩梦。

不幸的是，在英国历史上，这两个上司之间种种残酷的斗争却是连绵不断。一般而言，英国人是一个喜欢自由和妥协的民族，他们甚至希望狮子与绵羊都能达成妥协，能自由地、和平地同躺在一块草地上。但他们却极不乐意看到那些狮子王用他们（纳税人）的血汗钱来养一支庞大的常备军，来威胁自己这些小绵羊们的尊严与安全。因此，国王与议会之间，便经常为着扩军和增税问题而激烈争吵。

但最严重的斗争还是宗教问题。1532 年，英王亨利八世宣布——英国教会脱离罗马教会而独立，并同时颁布法律规定：基督教圣公会（新教）是英国的国教，一切信奉罗马天主教（旧教）的人都不能担任国家的公职。但英国的君主，却经常出于政治或外交结盟的需要，要娶信奉旧教的法国、西班牙等王室公主作王后，每当这时候，英国人就会因这点“小事”而掀起轩然大波——议会会打着“保卫法律”的堂皇旗号去反对国王，而国王又会打着反对“宗教歧视”的旗号去残酷地镇压议会。有时候，你真的很难分得清楚，正义究竟在谁的一方。但最后，有一点可以肯定的是：倒霉的，总是那些正直的法官们——他们有的被杀，有的被撤职，而更多的，是一次又一次，为保住饭碗而被强迫改变宗教信仰。

遥望着河对岸那座美丽的伦敦塔，我忽然想起了一个经典的

绘画：威廉和玛丽签署了《权利法案》，英国画家Samuel Wale（1721–1786）创作于1783年。

法律故事，这故事，正好说明了当时英国法官“左右做人难”的处境。这故事的结局，是公平正义得到了伸张，但那位主持正义的法官——那位曾说过一句世人皆知的名言：“知识就是力量”的弗朗西斯·培根，却几乎沦为伦敦塔的阶下之囚。

这案件其实只是一桩很小很小的民事案件。1616年，英国普通法法院的首席大法官爱德华·科克审理了一宗钱债案，案情是这样的：某甲告某乙借了一笔钱不还，而某乙却答辩说这笔钱早已还清，只是一时大意，把收据弄丢了。科克二话不说就判某乙还钱，而且还讥讽说：有谁会像你这么笨，把这么重要的证据弄丢了？言下之意即是说某乙在狡辩。某乙苦无证据证实自己的清白，便只好忍气吞声地又还了一次钱。但不久，某乙又忽然找到了收据，为讨回一个公道，他向衡平法法院起诉了某甲。衡平法院的大法官艾尔斯密细听情由，证据确凿，便同样干脆地推翻了原判，改判某甲向某乙退还款项，并处罚金。

这一件案子真相大白，处理得公平合理，本来已经是到此为止。但心胸狭隘的科克却大动肝火，他向衡平法院发出严重抗议，说衡平法院从来就无权推翻普通法院的判决。但艾尔斯密却反唇相讥道：我并没有对你的法院下禁令，我只是对某甲下禁令，禁止他“因同一债权而收取两次还款”这一不诚实、不合法的行为。于是，科克吵到国王面前，请求詹姆士一世裁决。

詹姆士一世本是个好吃懒做、除了整天说些什么“君权神授”“君主至上”的胡话之外便是什么也不懂的家伙，不过，他有一位优秀的首席大法官——培根。在培根的指导下，他作出了这样一个英明的裁决："在今后的案件中，如果普通法与衡平法的规则发生冲突，衡平法优先。但只有普通法未能提供（对当事人）足够的救济时，衡平法才能干预普通法。"这样，这场"一国两法"的大碰撞，最后，才以衡平法院的大获全胜而告终。

平心而论，培根在这宗案子上的裁决是正确的。他确立的"衡平法效力优于普通法"的司法原则，将罗马法的"公平正义"内核在英国法中发扬光大，较好地协调了这双重司法体系的运行。但科克这位自视甚高却心胸狭隘的法学家不服，他向议会投诉，大骂培根教唆国王"凌驾于法律之上"。于是，议会便发怒了。他们决定要教训一下这位"越位"的国王。他们指控培根以前曾在主审案件时收受过当事人的酬金（其实当时人人都这么做），犯了"受贿罪"，判决将他囚入伦敦塔终身监禁，永远剥夺一切公民权利和公职。幸好，詹姆士一世这只蛮牛奋起"抗法"，赦免了培根，但英国的法律界，从此便失去了一个优秀的法官。

在后来的岁月里，英国法官的命运更惨。在1640年爆发的英国大革命里，无论是国王或议会、革命党或保皇党、基督徒或天主徒，谁上台，谁都胡乱地逮捕人、鞭打人、不经合法审判便处死人。反对这种无法无天行为的法官们，大都被当权者们无法无天地吊上了绞刑架。这种"革命的混乱"持续了近半个世纪。直至1688年，詹姆士二世的女婿——荷兰亲王威廉趁乱攻打英国，全英国早已厌倦了"革命"的军队，老百姓却打开城门，热烈欢迎这位侵略者。詹姆士二世见大势已去，便独自一人溜出皇宫，来到我们此刻站立的这处河边，把历代英王传下来的玉玺丢进了泰晤士河里，然后仓皇逃到法国。威廉亲王不费一刀一枪，不流一滴血，便登上了英国的王位。这件事，英国历史书上称之为“光荣革命”。

徘徊在泰晤士河畔，凝视着那滔滔奔流的河水，我忽然心生奇想：不知那颗玉玺，今日还在不在河里？如果能把它打捞上来，那我们今后继续周游列国的旅费，就真的是一点儿都不成问题了。

说笑归说笑。不过，在这场闹剧似的“光荣革命”中，有一点倒真的是很光荣的：第二年，即1689年，威廉三世就在这一座金碧辉煌的西敏寺（威斯敏斯特大教堂）里，除双手接受了议会代表奉送的王冠之外，还从议会代表的手上，接受了一部世界历史上光耀千秋的“权利法案”。

从此以后，英国的司法文明又跨出了一大步！今日英国的高级法官们，不仅任期实行终身制，而且，最高法院大法官的年薪还达到20多万英镑，与内阁首相相等。“权利法案”，不仅是英国法官们的吉星，而且它还是全人类法律制度的福星。

“法官只有一个上司，那就是法律！法官只忠于一个上司，那就是法律！”而为了实现这一个心愿，英国的法官们，已经流了近500年的血泪。

法学链接

英国历史上双重司法体系并存的现象，是由它特殊的国情所形成的。12 世纪时，亨利二世用“普通法”统一了英国各地的习惯法。但后来，普通法僵硬保守的诉讼程序无法适应英国社会发展的需要，国王于是另立了一个“衡平法院”。该法院的程序简单，受理方便，对“法无明文”“史无前例”的案件，法官可根据“公平正义”和“自由心证”的原则去进行裁决。衡平法的出现，促进了普通法的改革和进步。1873 年，这两套司法体系已融合为一。现时英国的法院，统一称普通法院。

贝克街游记：不死的福尔摩斯

“任何使人类社会生活不诚实、不完满的社会条件，都是足以引起犯罪的社会因素。”

——19世纪意大利法学家恩里克·菲利：《犯罪社会学》

世界上有一个人，像耶稣与圣诞老人一样，是纯属被人虚构出来的，而且，他也像耶稣与圣诞老人一样，被世人寄托了很多的崇拜、热爱和希望。以致在一百多年前，他连“死”都不得安生，被公众的狂热迫着要再次“复活”。他的故事，被全球各国拍成了211部电影，他的名字，在百年间可说是响彻全球。直至今天，在许多人的心目中，这个人依然还活跃在伦敦的大街小巷里，还拿着个放大镜，到处去侦查罪犯的行踪……说到这里，已不消再说，你一定会知道：这个人的名字，就叫作“福尔摩斯”。

我们现在就站在英国伦敦老城区的中心、一条繁华热闹的大街——贝克街221号B座的门前，站在那个塑有福尔摩斯头像的椭圆形门牌下，向读者朋友们讲述着这个世界最伟大的侦探之王的神话。

说实话，夏洛克·福尔摩斯这个神探，只不过是苏格兰医生柯

福尔摩斯博物馆。

南·道尔在他一系列侦探小说里创造出来的一个人物。我们的世界法律之旅，与其说是对福尔摩斯感兴趣，倒不如说是对柯南·道尔更感兴趣。所以，早在来游览贝克街之前，我们便先驱车去了一趟爱丁堡，因为爱丁堡，才是这位伟大的侦探小说先驱者——柯南·道尔的故乡。

苏格兰东部的名城爱丁堡，素有英国“北方的雅典”之称。在这座古城的绿荫之下，到处矗立着一座座希腊式的古老建筑，而“城堡岩”山麓的旧城风光，更几乎是雅典卫城一模一样的翻版。此地历史上，曾涌现过一大批如大卫·休谟、亚当·斯密和沃尔特·司考脱等杰出的文化学术名人。漫步在林荫匝地、塔尖高耸

阿瑟·柯南·道尔（Arthur Conan Doyle，1859–1930）。

矗立在爱丁堡街头的夏洛克·福尔摩斯雕塑。

的司考脱纪念碑下，连空气中，都弥漫着一种优雅的文化气息。

1859 年，柯南·道尔就诞生在这座古城里，长大后，在著名的爱丁堡大学里学医，并取得了博士学位。毕业后，他曾当过随船医生，又曾经到伦敦开过诊所，不知因何原因柯南·道尔开始转向小说写作。谁知这一转，使他获得了极大的成功。

1887 年，柯南·道尔出版了他的第一部侦探小说《血字的研究》，在这部精彩的小说中，福尔摩斯的形象首次出现在读者的面前。而在这部小说里面，柯南·道尔广博的医学知识大派了用场。一炮而红以后，他又接连写了许多篇关于福尔摩斯的故事，如《四签名》《巴斯克维尔庄园的猎犬》等。不仅名声大噪，收入颇丰，而且，《猎犬》一书出版后，他更被英王室册封为爵士。写小说，居然可以写出个“爵士”的头衔，这真是这个高大俊朗、留着一撇威严的英式小胡子的苏格兰医生当年所没有预料到的事。

在柯南·道尔的笔下，福尔摩斯是一个研究犯罪学的专家——他年龄在30—40岁，永远都穿戴得像个大学生。他的标准形象，就是任何时候都叼着个大烟斗和手持放大镜，仔细地勘察着犯罪的现场。在柯南·道尔创作这个角色时，英国第二次工业革命的光辉成就如电力、电器、内燃机、电报、电话等新发明，令那时的英国人豪情万丈。那时的人们普遍认为：科学能够解决人类的一切难题。而在司法界，侦查犯罪，获得证据，却基本还停留在中世纪的刑讯逼供、酷刑恐吓等古老手段上。柯南·道尔怀着一种“知识就是力量”的人文主义激情，塑造出福尔摩斯这位与时俱进、用科学的方法去解决疑难犯罪案件的高手，不仅赢得了广大读者的喜爱，在客观上，也有力地推动了当时英国刑侦司法活动的科学化。漫步在爱丁堡大学的林荫道上，我们在心底里默默地，向这位现代法庭科学的先驱者致敬。

说起来也真有趣，尽管柯南·道尔写侦探小说获得了很大的成功，但他对自己的成功却很不以为然。他真正的梦想，是要当一名历史小说家。因此，1893年，他曾狠狠心，在《最后的难题》一书里让福尔摩斯死去。但岂料，万万千千对福尔摩斯极度痴迷的英国读者们却无法接受这个结局，因此，成千上万的伦敦警察、工人、市民们情绪激动地上街集会，人们抬着棺材，在贝克街 221 号门前游行，一遍又一遍地高呼“福尔摩斯，复活！”的口号。这种情景，让柯南·道尔感动得热泪盈眶，于是，他不得不让福尔摩斯在下一个故事里面，又奇迹般地“起死回生”。

20 世纪 20 年代，有个美国医生误以为福尔摩斯是个真人，便不远万里地来到伦敦，找到车水马龙的贝克街那幢钉有 221 号 B 座的门牌下。谁知，贝克街除了一个镶有福尔摩斯头像的门牌之外，什么也没有。今天的游客，若想瞻仰福尔摩斯的“遗容”，便应该到贝克街地铁站的门口，那儿矗立着一尊高大的福尔摩斯铜像，而想参观福尔摩斯的故居，便应该去附近的另一条街——诺森布兰德大街 10 号的一家小酒店。由于这家酒店是建筑在柯南·道尔小说里的一个破案现场上，于是，英国的侦探迷们便把它改建成了一家福尔摩斯博物馆。走进小酒店，只见大厅的一角，完全布置成了与柯南·道尔笔下所描述的“贝克街 221 号 B”福尔摩斯住宅的场景：全套古色古香的维多利亚时代家具，放大镜放置在壁炉上，壁炉旁边，是福尔摩斯研究分析各种犯罪证据的化学试验设备。这里还成立了一家“福尔摩斯公司”，专门负责管理这家博物馆和开展一个叫“贝克街顾问俱乐部”的活动。这个俱乐部规定所有参加的成员都必须是男性，凡是懂得一个福尔摩斯故事里的暗语，就有资格加入并登记成为会员。因此，这个俱乐部的门前，便经常聚集了一大群女福尔摩斯迷集会示威，抗议该俱乐部的“性别歧视”要求“男女平等”。我女儿余君慧也是一个小福尔摩斯迷，如果她此刻置身此地，我想她也一定会愤愤不平地加入人群，高呼口号，表示抗议。

除了“男女不平等”之外，这家俱乐部其实办得还是很不错的。他们经常会开展一些关于福尔摩斯破案科学的知识竞赛，竞赛中的优胜者会被授予“贝克街顾问侦探”的荣誉称号。有趣的是，美国前总统罗斯福也曾加入过这个俱乐部，据说，他还认认真真地写过一篇论文，题目是：“福尔摩斯的祖先是一个美国人”。

世界各地的读者们也仿效“贝克街”，成立了许多福尔摩斯俱乐部。福尔摩斯的形象，从书店海报登上舞台，步入银幕，甚至还出现在时装表演的 T 形台上，百年以来，长盛不衰。据说，1987 年，在“福尔摩斯诞辰 100 周年”之时，世界各地的影迷们曾蜂拥来到伦敦，不同性别、不同肤色、不同种族、操着不同语言的人们，都无一例外地头戴各式各样的双舌呢子帽、披深灰色斗篷、嘴叼大烟斗、手持放大镜云集在贝克街，来纪念他们心目中的这一位平民英雄，寻找一回自己的英雄梦。那种壮观的盛大场景，想起来也令人动容。

从这些福尔摩斯迷的身上，我们看到的是：一种公民参与法治、推动刑事司法文明进步的巨大热情。

临走前，在这家“福尔摩斯公司”里，我们还见到了一位年轻漂亮的女秘书，她的职责就是专门处理每年从世界各地雪片般寄给福尔摩斯的信件。她热情地展示这些信件的原件给我们看，有些是从英国各地寄来的，有些是从德国、法国，最多的是美国。

这些信封上都写着："Mister Sherlock Holmes, London ,England, 221B-Bakerstreet"。在这些热情洋溢的来信中，人们向这位"Holmes"先生提出了各种各样的问题，有人问他最近身体健康如何、婚姻状况如何，有人向他请教破案的灵感，有人请他发表对墨西哥禁毒问题的看法，居然还有人会向他报告——他发现了拉登在阿富汗的行踪！

用一位名作家的名言来说就是：在世人的心目中，这位神勇的大侦探，显然是长生不死的。

西欧风云

——法律的蒙尘

1789年，法国大革命颁布的《人权宣言》，使“法律面前，人人平等”的呼声响彻了全球。经过200年血与火的洗礼，今日欧洲，法律的污点，终于用人类自己的双手逐一抹去。

Justice

伏尔泰故事："欧洲的良心"

"每一位公民，都应有一种受到平等关心和尊重的权利。"

——当代美国法理学家罗纳德·德沃金：《认真对待权利》

如果说，法国人与英国人一样地热爱自由，我相信这句话人人都会同意。但英国人争取自由的方式是靠"改革、渐进和法治"，很遗憾，法国人却花了将近200年的时光才能学到这一点。曾经有人很挖苦地说过：在争取自由的问题上，高卢雄鸡们只懂得一件事，那就是——一次又一次地敲响警钟、暴动、"革命"和热血沸腾。

但历史上那场轰轰烈烈的法国大革命，其最初的种子，却又是由英国人播下的。英国有个著名的法官约翰·洛克曾写过一本法理学的名著：《政府论》。他在这本书里写道："人类天生是自由的、平等的和独立的。人人都享有这些由上天赋予的、不可让与和不可侵犯的人权。""天赋人权"的口号一出，即刻便如暴风雨般刮遍了大西洋两岸。在美洲，它激起了那场惊天动地的美国独立战争，孕育出了一个美利坚合众国；而在欧洲，它引发了一场为

绘画：伏尔泰（Voltaire），法国画家Jacques Augustin Catherine Pajou（1766-1828）创作于1811年。

“自由平等”而战的法国大革命；200 年后，这句话更由孙中山传到了中国，惊醒了我们这头古老的东方睡狮。

现在，我们的世界法律之旅就正被一阵好风吹送着，从英伦三岛返回了欧洲大陆，去继续追寻那些遥远的法律故事。在法国，在这个“自由女神”的故乡，我们的首个拜访地，不是巴黎，也不是马赛，而是法国东部与瑞士边界附近的一个小山村——图尔奈。这个小镇虽然小，但它所处的地方，却正是在那座素有“欧洲之魂”之称的阿尔卑斯山的山麓下。更重要的是，这里有一座古朴的庄园，庄园里曾栖息过一个被称为“欧洲的良心”的伟人，这个人，叫伏尔泰。

在那场震动了半个地球的法国大革命风暴来临之前，在法兰西大地上传播洛克的“天赋人权”民主法治学说的，是三个最著名的启蒙思想家——伏尔泰、孟德斯鸠和卢梭。伏尔泰教导“自由”，卢梭鼓吹“民主”，而孟德斯鸠则阐述“法的精神”。如果要给这法兰西的“自由三剑客”立个墓碑的话，我个人的建议是：伏尔泰和孟德斯鸠应用纯白色的大理石，因为他们曾全力引导人类要走向“自由、公正和法治”。而卢梭呢，要一半用白色，一半用黑色来揭示他的学说之中，既有光明的一面，也有阴暗模糊的一面。而历史的经验多次告诫我们：从模糊的地带里，最容易滋生出邪恶。

好了，卢梭的故事我们暂且不提，现在，我们就站在了一幢古老的庄园的门前。这庄园黑色的大铁门上镶嵌着一个银盘，银盘上刻有“图尔奈伯爵”家族古老的纹章。银盘下还钉着一个小铜牌，铜牌上简简单单地写着一行字“伏尔泰（VOLTAIRE）之宅”。

走进庄园的大门，只见一条长长的花径，一直绕到屋后那面翠绿的小山坡上。到处是青葱茂密的树木，粗大的常春藤爬满了古老的红砖塔楼。向东面远眺，前面是瑞士连绵无际、千峰壁立的阿尔卑斯白云。向东南方望，天气好时，可清晰地望见那座位于法意边境的、海拔 4807 米高的“欧洲屋脊”——终年白雪皑皑的勃朗峰。湖光山色，蓝天白云，在这个童话世界般的仙境里，怪不得伏尔泰曾经说过：他晚年时，曾在此地“度过了一生中最快乐的时光”。

伏尔泰出生于一个法国的贵族之家，31 岁时就以文才而名满天下。他创作的戏剧经常在宫廷内的剧场上演，他出版的诗集常常被人们抢购一空。欧洲许多国王都是他的朋友，但他却从 20 岁起，便不停地、尖锐辛辣地批评天主教会和君主专制，宣传“自由、平等、博爱”等不合时代的伟大思想。法王路易十五对他是又气又恨，但又以能与他同坐在一起高谈艺术和哲学为荣。伏尔泰一生之中，曾两次因言论获罪而被路易十五关入巴士底狱。当他几次被判决逐出巴黎城外、到处流浪时，各地的贵族城堡却都热烈地欢迎他的光临。在他 64 岁之时，他花重金买下了这座法瑞边境的庄园，个中原因主要是：假如再有什么风吹草动、一旦再有什么“文字狱”的话，他随时一抬腿，就可以溜入那个以“自由”而著称的国度——瑞士。

一直到今天为止，伏尔泰都是以文学家、思想家而名世。而学术界也似乎没有什么人会将他看作一个法学家。但隐居这座庄园的三年后，一宗发生在法国南部的骇人听闻的大冤案，却恍似一块巨石，使伏尔泰的“快乐时光”激起了千重浪。而在此后的 17 年里，这宗冤案，也使伏尔泰从世人眼中一个优哉游哉的“自由骑士”，变成了一个风尘仆仆地为法律正义而战的“大律师”。

这宗冤案的故事，大致是这样的——

1761年，法国南部的图卢兹小城法院，作出了一宗残忍的死刑判决。被判决的死囚名叫卡斯拉，是一个有6个儿女的普通商人和新教徒。当时，与罗马天主教徒在英国受尽迫害相反，在法国等天主教国家，则是新教徒们受尽了压迫和歧视。卡斯拉的儿子安东尼在大学读的是法律，但当他毕业时，有关当局却强迫他改变宗教信仰，否则，便一辈子都休想取得成为法官或律师所必需的资格。在大学里，读了一脑门子“自由、平等、公平、正义、诚实、守信”等信条的这个年轻人，一口气咽不下，便在家里上吊自杀了。

丧子之痛，已令卡斯拉痛不欲生。但更糟糕的是，在当时的法国法律中，还居然有一条要蔑视自杀者、羞辱自杀者家属、没收其家庭财产的荒唐法律。卡斯拉无奈之下，向警局提供了其子“自然死亡”的虚假证词，想逃过这一劫。

那些猎犬似的警察们，自然一眼就看穿了这个可怜的谎言，因为安东尼的脖子上有一条鲜明的勒痕。但“精明”的警察们却硬是把“自杀”说成了“谋杀”，而谋杀的动机则是“卡斯拉企图阻止儿子改信天主教”。这样一来，当地民众的宗教狂热便被煽动起来。法庭不问情由便判卡斯拉有罪。卡斯拉竭力为自己辩护，可遭到的却是警察们惨无人道的酷刑逼供——他的四肢被绑在一张铁床上，用绞盘拉断，灌辣椒水、鞭打，放在十字架上用铁棒毒打。打了几小时后，他被拖到一个广场上，高高吊起，当众烧死。

两个星期之后，伏尔泰得知了这宗惨无人道的冤案。这位67岁的老人拍案而起，四处奔波，调查事件，接见受难者家属和证人，然后，他以一个非法律专业人士的身份，挥笔写下了一篇长长的司法调查报告——《卡斯拉先生之死的原始文件》，付诸出版。整个欧洲都被这宗冤案震动了，英国、俄国和波兰的国王争相捐献金钱给死难者的家属，连法王路易十五也过问了此案。最终，3年之后，冤案得以平反，卡斯拉的家属获得3万利弗尔的国家赔偿，而施行酷刑、制造冤案的警官、法官们，也遭到了相应的惩罚。

消息传来，伏尔泰老人又一次流出了热泪，一半是为平民的悲惨，一半是为司法的黑暗。

从此以后，直至他84岁逝世为止，伏尔泰老人都一直在充当一个“为民请命”的包青天、海青天似的角色。他向全欧洲的知识界发出呼吁：请用学者们的笔，用学者们的良知去“唤醒欧洲那个沉睡的良心！”去向那不公正的法律、向黑暗的旧司法制度宣战！他极其沉痛地说道：“正是知识界的沉默，才造成了人民的不幸”，这句话虽然有点儿过火，但细思之下，却也不无道理。

流连在伏尔泰那座世外桃源似的庄园里，凝视着那座巍峨壮丽的欧洲之魂——阿尔卑斯山高大的雪峰，遥想当年，那位可敬的老人曾在此日夜奋笔疾书，出版了一部又一部光辉的著作，去探讨和阐述自由平等、宗教宽容、人道主义、公平正义等法哲学的情景，我们真的是肃然起敬。可惜，当时许多思想家、学者却对本国的司法腐败噤若寒蝉，而有些人，譬如说——卢梭，似乎对煽动下层民众搞“革命”更有兴趣，于是，日后的法国，便终于是血流成河。

离开了伏尔泰庄园之后，我们继续驱车上路。从图尔奈到巴黎大约有 500 公里路，几乎可说是穿越了半个法国。公路两旁，城镇稀少，田野辽阔。大片大片尚未收割的金色麦田，与绿色的葡萄田、葵花田黄绿相间。田野上，还时不时会蠕动着一群一群白色的牛群和漂浮着一片一片烂银似的、雪白透亮的云团。正是在这千里浮云的相伴之下，我们现在终于来到了巴黎。

在巴黎蒙马特尔高地下的法国先贤祠里，我们终于找到了安息在此地的伏尔泰老人。与我之前的猜测不谋而合的是：他的雕像，果然是用洁白的大理石来雕刻的。他的棺木上，用法文刻着三行文字：

“诗人，历史学家，哲学家。

他拓展了人类的精神。

他使人类懂得，精神应该是自由的。”

而我却很想给这墓志铭再加一句——“他比他的同胞们更早地知道：自由，必须用‘法治’来保障。”

凝视着伏尔泰那尊洁白的雕像，我分明看到，这石的躯壳里面，依然跳动着一颗——

“欧洲的良心”。

凡尔赛花园：《人权宣言》诞生的地方

"不知人权、忽视人权或轻蔑人权是公众不幸和政府腐败的唯一原因……自由传达思想和意见是人类最宝贵的权利之一……在法律面前，所有公民一律平等！"

——1789年法国《人权宣言》的开篇语

在人们的印象中，法国，从来都是一个充满浪漫与激情的国家。但你知道吗，激情浪漫一旦过了头，则马上就会有趋向不守规矩、破坏法制的危险。不幸的是，这种事情，在法国的历史上，还真的是层出不穷。

如果按中文的字义来"望文生义"的话，那么，"法国"这二字，其意思就可以理解为一个"法治之国"。而究其历史，法国其实，亦正如她的中文名称那样，本来，也是极有希望成为一个欧洲大陆的"法治之国"的。因为，750 年前，此地也曾出现过一位热心法治的国王——路易九世。这位被称为"圣路易"的国王，在历史上，素有法国的所罗门、中国的包青天的美誉。据史载：他每天在西岱岛的皇家小教堂里听完弥撒之后，就会前往附近的一片橡

绘画：圣路易亲自为平民们主持正义（Saint Louis Justice sous le Chêne），法国画家Pierre-Narcisse Guérin（1774-1833）创作于1816年。

树林里，靠着一棵大橡树坐下，让前来申冤的民众们围绕着他，然后，他便徐徐地开口问道："你们谁有案子要申诉？"所有打官司的人都可以直接趋前和他说话，而法律的和风，也就随着他公平正义的判决，从那片橡树林里轻轻飘出而吹拂着法兰西。

追寻着这位圣路易的踪迹，我们的巴黎之行，首先便寻到了西岱岛上。

这个小小的西岱岛，就像一片青翠的绿叶，漂浮在巴黎市中心那一段塞纳河的河面上，9 座精巧的小桥梁，把它和巴黎的闹市连接起来。它的东端，相邻着一个更小的小岛，那就是以圣路易的名字而命名的"圣路易岛"了。别看这两个小岛都很小，但其实，1000 多年前，最早的巴黎城便是诞生在这两个小岛上。西岱岛的西端，有一大片雄伟的司法宫建筑群，西岱岛的中部，便就是那座圣路易常来听弥撒的皇家小教堂，而小岛的最东端，则是那座举世闻名的巴黎圣母院。这几座壮美的建筑物，静静地屹立在此地已经有上千年了。传说中，圣路易日日坐着审案的那片橡树林，如果还能够保存的话，那么，我猜想，这片树林，应该就是在巴黎圣母院的旁边。

站在西岱岛上，眺望着塞纳河两岸的风光，我仿佛在阅读着一本无声的法国史。在圣路易的那个时代，塞纳河的两岸，还只是一片荒凉而又美丽的原野。那原野上，生长着大片大片的野花和茂密的森林，以及一大片无边无际、连绵到天边的紫色的熏衣草。而数百年后，塞纳河的南岸，陆陆续续地出现了卢浮宫、杜伊

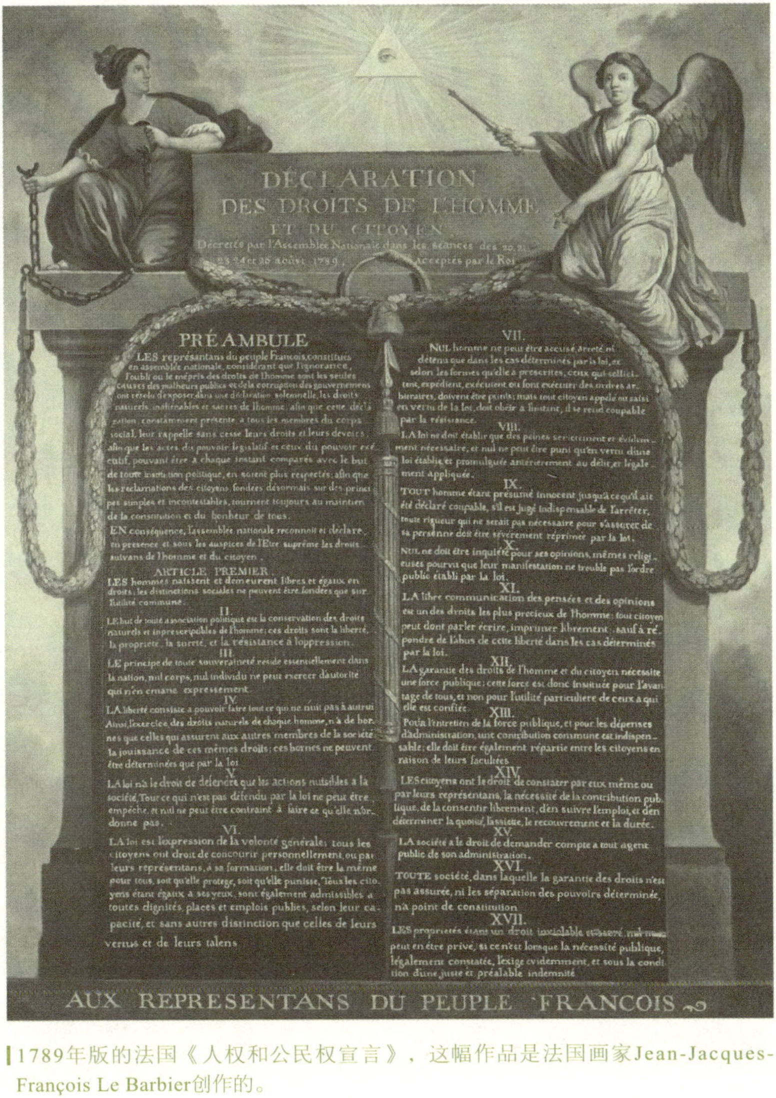

1789年版的法国《人权和公民权宣言》，这幅作品是法国画家Jean-Jacques-François Le Barbier创作的。

勒里宫、雅各宾修道院、巴黎市政厅、协和广场、巴士底狱、凯旋门……城市是渐渐地生长和扩大了，但不知怎么，法治的传统，却不见了。

不知从什么时候开始，从河对岸，经常传来的是市政厅楼顶上那无数次莫名其妙的警钟长鸣。有400多年的时间里，巴黎的上空，"革命"的口号是一次又一次地狂呼，法律是一次又一次地被国王与民众一齐践踏入泥里，城市则一次又一次地变为废墟，而塞纳河水，也曾一次又一次地被自己同胞们的鲜血染红。

不过，即使在那些悲哀的岁月里，法国人也曾作出过一项人类法律史上空前伟大的成就，那就是——1789年法国大革命期间颁布的《人权宣言》。虽然，在宣言颁布以后，法兰西民族还要经历差不多200多年血的教训之后，才真正走上了"人权、法治、和平"的道路，但《人权宣言》却从它诞生的那一刻开始，便已经在全世界范围内深入人心。

离开了西岱岛，我们决意去拜访一下那份《人权宣言》的诞生地，于是，我们便登上了开往凡尔赛的火车。

举世闻名的凡尔赛，坐落在巴黎西南23公里处。此地是欧洲大陆上最大的一座皇宫，而据说，又是一处最壮丽的艺术园林。一进大门，远远便望见那座路易十四骑马挥手的青铜像。广场两侧，是无数庄严雄伟的宫殿群，宫殿的后面是一个中轴线长达3公里、四周围墙有45公里的大花园，放眼望去，这片面积巨大的皇家园林，花圃、草坪、树林、水池、喷泉和雕像散落其中。据史载：就在这座王宫里，那位专制魔王路易十四曾发出过一句千古狂言："朕即法律！朕即国家！"而那位花天酒地的路易十五更是语出惊人："我死后，哪管它洪水滔天。"据说，这两个国王在位共计131年，而留给那位可怜的路易十六的，便只是一个国弱民穷、人人都对旧制度有一肚皮怨恨的烂摊子。

今天，这座皇宫已被辟做了法国的国家历史博物馆。我们在那个居高临下、俯瞰整个凡尔赛园林的拉冬娜女神水池旁拍了几张照片，以示到此一游，然后，我们便直奔宫殿区，在一个人迹罕至的大厅门外找到了一个标志牌："1789年国会"。

呵，"国会"，这里，就正是1789年那部伟大的《人权宣言》诞生的地方！

走进当年的国会大厅，一个个著名的历史亡灵仿佛突然都涌现在你的眼前，而法国大革命的那些风云岁月，也仿佛一下子全涌到了你的面前。

平心而论，当年的路易十六，其实并不算一个太坏的君主。他继位之后，也曾想作一点开明的改革，来整顿一下"吏治腐败"和"司法不公"这两大弊端。起码，他能恢复被前三任国王们废止了160年的"三级会议"，把全国臣民的几百名代表请来这座大花园里"共商国是"，这总不能说成是"专制独裁"的表现吧？岂料，受残暴压迫太久了的法国人，却把百年的仇恨全部都发泄在他的身上。1789年5月5日，当法国的"三级会议"在这里一开幕，火药桶的味道便已经弥漫整个会场。当路易十六一再妥协，把"三

绘画：法国拉法叶特侯爵，法国画家Joseph-Désiré Court（1797-1865）创作于1834年。

级会议”改称为人人平等的“国民议会”，让僧侣、贵族、平民不分贵贱都平等地坐在这个大厅里，来讨论制定一部宪法，准备实行英国式的法治改革时，那些不懂妥协、过于激进的平民代表们，心里却是在暗暗盘算着怎样去打倒这个看来有点儿懦弱的国王、怎样去争取在一个晚上便实现“彻底的”自由和平等。于是，凡尔赛这边在“制宪”，而巴黎那边，满大街的革命党已经在鼓吹暴动和“夺权”。人心惶惶之际，1789 年 7 月 14 日，不知哪一个傻瓜跑去敲响了市政厅楼上的大钟，随着急骤的钟声响起，市政厅楼顶上还高悬起一面黑旗，这意思就是——“祖国在危急中”！这胡乱一敲，便敲出了一场巨大的腥风血雨：上十万名热血沸腾的巴黎市民们纷纷涌上街头，把荣军院2万多支火枪抢劫一空，并从军营里抢来了几门大炮，一家伙便把那座“封建王朝的黑暗象征”——巴士底狱轰塌了。狂暴的民众把100多名巴士底狱的无辜士兵全部杀死，而监狱长德洛奈的人头更被砍了下来，挑在枪尖上游街。

就这样，所谓的“法国大革命”便突然爆发了。巴黎几百年来非理性的乱民暴动、街战巷战、血流成河的悲剧又一次重演。

人类历史曾无数次地证明：理性能够化解矛盾，而非理性的暴动则只会激化矛盾。暴动只能够激起镇压，而镇压反过来又激起更大的暴动。倘若一个国家老是在暴动与镇压之中循环，那这个国家还能有什么前途？

不过，在此等混乱的时刻，还是有人在想着维护人性，维持社会向法治方向的进步。这个人就是拉法叶特。

说起来，拉法叶特是一个颇为传奇的英雄。他出身贵族，家境富裕，但他也和伏尔泰老人一样，对人类充满同情心和正义感。他曾变卖家产，自筹军费，组织一支军队，远赴美洲去支持美国人民的独立战争。“三级会议”之前，就是他说服了路易十六，接受“自由、平等、博爱”的思想，去推行社会政治的改革。此时，他在凡尔赛的国会大厅里，亲笔起草了一份《人权宣言》，力图把事态控制回法治的轨道上。1789年8月27日，那篇伟大的《人权宣言》，即法国未来第一部宪法的序言，就在这座国会大厅里被提出来表决。宣言一开首，拉法叶特就慷慨激昂地指出："国民议会的法国人民代表们认为：不知人权、忽视人权或轻蔑人权是公众不幸和政府腐败的唯一原因……自由传达思想和意见是人类最宝贵的权利之一……（我们主张）在法律面前，所有公民一律平等！"

今时今日，在这座国会大厅里，仿佛还回荡着当年拉法叶特那激昂的语句，还回荡着240多位国会代表们的热烈掌声！

毫无疑问，诞生于法国大革命的动乱和血污之中的这份《人权宣言》，是人类法律史上空前伟大的一份光辉法律文件，其影响甚至超越了英国的《权利法案》。尤其是那句"法律面前，人人平等"的八字箴言，在现代，更成为了全球所有法治国家法律的第一条基本原则。亲身来到这伟大宣言的诞生之地，亲耳聆听着讲解员激情诵读着那些激动人心的词句，我心里，对当年的那批超越自身的阶级利益和个人利益的算计，而对全人类的事业有如此高贵的社会关怀的法国贵族们，充满了崇敬。而对于那些长期受压迫受侮辱、长期挣扎在贫穷与悲惨的底层、不明白"平等"二字最深刻的含义，因而只知道"暴动"一件事而不知解决社会矛盾还有其他方式的"革命党"们，我在深切地同情和理解之余，更多的却只有无奈和无语。

人类应当永远记住一个名字，那就是——"拉法叶特"！因为这个名字，永远与"人权"二字联系在一起。

但今日的巴黎，那座以"拉法叶特"名字命名的、全欧洲最大的百货商店，却不知被哪个音译为"老佛爷"，而使广大的中国游客，一听到这个名字，马上就把它与中国历史上那位腐朽的慈禧太后的形象联系在一起。

这真是一场天大的恶搞。

离开凡尔赛宫返回巴黎时，我们专程去了一趟巴士底广场。当年的巴士底狱，早已经荡然无存了，据说，它在数日之内，就被起义的民众们狂热地拆了个精光。今时今日，只有广场地铁站下面，满墙的壁画，还栩栩如生地绘画着当年的豪举，以及在地铁站的最底层，还保存有两块巴士底狱城堡的基石。走出地铁站返回广场时，只见商铺林立，行人游客熙来攘往，霓虹灯广告五光十色，巴士底狱旧日的遗址上，已矗立着一座富丽堂皇的巴黎新歌剧院，歌剧院门前，香车宝马，川流不息，夜空中，早已没有了当年大革命的半点痕迹。

歌剧院建成的那天——1989 年 7 月 14 日，正是法国大革命攻占巴士底狱的 200 周年纪念日和法国国庆日。据说那一夜，在歌剧院里举行了一场盛大的宫廷贵族式的舞会。不知现代的巴黎人，是否想在那一夜，试图用欢乐的舞会，来拭去那些昔日的泪痕？

协和广场：巴黎断头台上的“人人平等”

“人人完全平等地有权由一个独立而无偏倚的法庭进行公正的和公开的审讯，以确定他的权利和义务并判定对他提出的任何刑事指控。”

——1948年联合国《世界人权宣言》第10条

在人类历史上，曾有过许多个被称为“浩劫”的时代。

在那种年代里，不管你是一个什么人，不论你忠奸贤愚，亦无分你的财富地位，不管你生于帝王之家、书香贵胄抑或平民百姓、贩夫走卒，也不管你曾怎样机谋百变、坚毅奋斗或怎样卑躬屈节、卖身求荣，总之，无论是非，不分对错，任何人，都难逃一种在受尽巨大的苦难折磨和凌辱之后，再悲惨地死去的厄运。

而 1789 年那场举世震惊、一直被某些史学家美化为“最最彻底”的法国大革命，其实，亦正是这样一个玉石俱焚、人性理性尽丧的浩劫时代。

这种时代的特征只有 4 个字，那就是——无法无天。那种时代里的法律故事，往往就只剩下了一种最悲惨的故事——断头台的故事。

追寻着这个法国断头台的故事，我们跑遍了巴黎的大街小巷。第一个目标地，便是那座著名的杜伊勒里宫花园。

看来，这故事又要从头说起。就在《人权宣言》颁布后不久，巴黎的大街上，已经挤满了一群群满腔怨愤的暴民。“说什么人人平等？我们平民缺吃少穿，国王凭什么住着个大花园？”于是，几万名手持武器的民众便冲入了凡尔赛宫。倘若在这个时候，你想在这些被革命热情烧昏了头的民众面前试图去说说“法”——所谓的“平等”，只是指法律上、公民权利上的平等，而不是指一切财产都要拿出来给穷人均分的平等；而所谓的“革命”，应该是指革旧制度的命，而不是动不动就取国王贵族或其他富人的性命……的时候，你觉得后果会是怎么样？广场上一定会像林达所说的那样，是吼声震天、杀声动地地呼喊：“这是什么狗屁？打倒保王党！革命万岁！”这时候，你唯一能做的事，便是赶快落荒而逃。

就这样，《人权宣言》刚一诞生便已变成废纸。而路易十六，则被暴动的民众押返到了巴黎，被囚禁在这座杜伊勒里宫之中。

杜伊勒里宫的遗址，正位于协和广场与卢浮宫的中间。当年那座华美的宫殿，早已在1871年巴黎公社起义时被烧了个精光。所以今日，游客到此，从那条著名的香榭丽舍大道进入协和广场后，便只会看见一个半荒废了的大花园。我们来到此地时，只见眼前有一大片像游乐场似的林中空地，有许多小朋友，在残存下

政治讽刺画：法兰西荣耀的巅峰（Zenith of French Glory），1793 年2 月12日。英国讽刺漫画家詹姆斯·吉尔雷（James Gillray，1757-1815）创作于1793年。吊死牧师和法官，将判决死刑立即执行的各色人等送上断头台是法国大革命中无裤汉（头戴共和帽）的主要工作。

来的青铜狮子、老虎雕像上爬上爬下地玩耍。花园里有一个很大的湖，湖面上还游荡着几只黑天鹅。当年，路易十六一家就被禁锢在此地，而外面的世界，则早已是乱翻了天——贵族们大多逃亡国外，各地保王党纷纷发动暴动。当农民们都兴高采烈地起来“打土豪、分田地”时，巴黎城内，却牛奶没有了，面包也没有了。暴怒的市民纷纷砸烂商店、面包店，还把那些无辜的面包店小老板们吊死在街灯上……

在那个疯狂的大革命年月里，巴黎市政厅上的那口小铜钟，不知曾被疯狂地敲响过多少次。当欧洲七国的国王们叫嚣说要出兵踩扁巴黎、救出路易十六一家时，这警钟又一次狂响了——祖国又一次在危急中！据说当时，十多万暴民像潮水般地涌入这座花园，把国王“民主”地逮捕了，把国会也“民主”地驱散了，然后，民众自组了一个革命的“国民公会”，再然后，准备“民主”地审判国王。

法国原有的、走上“人权法治”道路的种种努力和一线希望，就这样，被七国联军的干涉和巴黎民众一次又一次的暴动打得烟消云散。

在这种形势下，可怜的路易十六，便不可避免地要成为时代的牺牲品。

但革命党们究竟该控告路易十六什么罪名呢？他本身什么罪行也没有犯过。控告他“阴谋逃跑罪”？他既然被罢免了国王的职务，那他就只是一个平民。而从现代法治的观点来看，作为一

绘画：路易十六在协和广场被断头的那一刻。

个平民，他应与其他平民一样，有居住的自由、移民的权利，何况，他一家大小的生命安全毫无保障，换了是你也一定想“逃跑”。控告他“反革命”？但宪法上没有这一条，而且，法国人不见得个个都赞成“革命”。但，法国人却是人人都爱国！于是，便正如林达的游记所言——打他一个“叛国罪”就正正合适！这时候，那个律师出身但早已背叛了“法治”理想的“法律叛徒”“革命青年”罗伯斯庇尔，在国民公会的辩论中，声嘶力竭地喊出了一句“千古名言”：“因为祖国需要生！所以路易必须死！”这句狗屁不通的胡说八道，在当时，却博得了头脑发烧的革命派们的满堂掌声。于是，他们便当场给这位“革命英雄”套上了一个又一个的花环，抬着他，欢呼震天地在这花园里游行。

于是，数日之后，在“爱国、革命”的堂皇口号下，在当年这花园的马奈兹大厅里，对路易十六进行了一场极不公正的审判——没有法律，没有法庭，没有程序，没有法官，没有确实的罪证，也没有辩护权，只有成千上万手持短刀、斧头、步枪包围着马奈兹大厅的革命群众，和一句震耳欲聋的狂呼：“祖国需要生！路易必须死！”审判的结果可想而知，那就是——花园外，协和广场上那座阴森森的断头台。

踏着当年革命群众纷乱的足迹，穿过了这座废宫的铁栅门外，现在，我们就来到了巴黎著名的协和广场上。

在协和广场那座高耸入云的卢克索方尖碑跟前，我们在地面上，无意中，发现了一块小小的铜牌，铜牌上用法文刻着两行字：“1793 年，路易十六与王后玛丽·安托瓦内特在此地被处死”。不知历史的外国游客们，常常毫不在意地把它踩在脚下，以致这小铜牌上留下了许多泛亮的擦痕。但断头台呢？当年那座阴森恐怖的断头台，如今，却已是不知所终。

据史载：当年的协和广场，原先是叫“路易十五广场”，革命爆发时，被改名为“自由广场”。广场的正中，曾树立过一座粗糙的自由女神石膏像。而当年卢克索方尖碑的位置，则设置了一座高高的断头台。它像一只嗜血的怪兽，蹲伏在此地 2 年零 3 个月，共计 810 天，从它那张血盆大口里，总共切下了 3 万多个人头。

在巴黎的玛莱区（旧城区）里，在那座巴黎城市博物馆中，我们只找到了一座断头台的工艺品模型——它像一座三层楼的大戏

法国协和广场。

台，柱子、栏杆均雕刻得像戏台般精美。前台与后台之间，有两道7级的楼梯相连着，那些死囚们就是在这楼梯上，走完他们人生最后的7步。前台的前端，耸立着两根高高的大铁柱，铁柱上是一把据说重达千斤、锋利无比的精钢斜口大铡刀。囚犯登台后，平躺在一条木凳上，陪伴他左右的两个狱卒，一个手持网兜准备接头，一个手捧铁桶准备接血。行刑时，大铡刀以万钧重力飞快地落下来，据说，它能在0.1秒之内，干脆利落地、“无痛苦”地令囚犯身首分离。

又据史载：断头台的发明者，是一名叫盖勒廷的工程师，他设计断头台的初衷，原本是想减轻囚犯临刑的痛苦。岂料，在轰轰烈烈的法国大革命时期，这伟大的人道主义的产物，却被革命者们当成了一部“镇压阶级敌人的半自动高速杀人机”而滥用，这就使断头台本身，变成了一个恐怖主义的代名词而遗臭万年。

伫立在这座金光闪闪的卢克索方尖碑下，面对着眼前这个空荡荡的大广场，当年断头台的故事却是一一涌上心头——

1793 年 1 月 21 日，凡是读过雨果那部惊心动魄的《九三年》的人，对这个年份都一定会刻骨铭心。就在这一日，路易十六被押出了丹普尔监狱的牢房，登上了“自由广场”上的这座断头台。他临死前对万千狂欢的法国群众说的最后一句话是：“我是无罪的。但愿我的死，能成为法国伤口的凝结剂。”他一生都很懦弱，但死的时候却很英勇。同一日，他 10 岁的儿子在监狱的牢房里被暴民们挖出了心脏。

1793 年 10 月 16 日，玛丽王后也从西岱岛的监狱里被押送到了这座断头台上。她显然有点慌乱，因为，她还不知道自己那些被关押在另一所监狱里的儿女们的命运。一不小心，她轻踩了刽子手一脚，但据说，她马上很有礼貌地对刽子手道歉道：“真对不起，先生。”

1793 年 10 月 31 日，在国民公会辩论中曾公开反对过罗伯斯庇尔的 75 名吉伦特党人（我们的教科书上称他们是“资产阶级的代表”人物）也走上了这座断头台。他们以前也很革命，也曾把很多保王党、贵族送上过此地。临刑前一晚，他们还在西岱岛的监狱里狂笑、狂饮和跳舞，押上了断头台还在合唱《马赛曲》。他们虽然死得很潇洒，但他们的最后一句话，却给法国人民们留下了一个痛苦的问题："革命，怎么就革成了这个样子？"

1793 年 11 月 8 日，那位曾极力主张"共和"、反对"专政"的吉伦特党领袖罗兰夫人也走上了这座断头台。她留下的一声千古叹息是："革命啊，多少罪恶假你的名义而行之？"

法国历史书上称这个时期，叫作——"雅各宾专政的恐怖时期"。

当罗伯斯庇尔之流的雅各宾派们（因他们常聚集在雅各宾修道院开会，故得此名）以"人民专政"的名义便可以自由地杀人时，法国人民的"自由"其实也就消失了。而博爱则早已失踪，剩下来的，便只有"平等"——断头台上，人人平等。那个"最最革命"的变态狂魔罗伯斯庇尔，杀完了国王杀贵族，杀完了贵族就杀反对党，反对党杀光了，就杀自己昔日的"革命战友"，甚至连出门忘记了在脖子上系条红布条（革命派的标志）、问路时按旧习惯称呼人"先生、小姐"的平民，都被他当作贵族、保王党和潜伏下来的反革命分子而一概送上断头台！

在"人民民主专政"的口号喊得最响亮的时候，法国人民，恰好就最没有自由！

1794 年 7 月 28 日，罗伯斯庇尔终于被觉醒了的巴黎人民推上了这座断头台。天理循环，一报还一报。正如在中国古代一首民谣之所言："善有善报，恶有恶报。不是不报，时候未到。时候一到，一切都报。”现在，时候到了，终于轮到这位“革命英雄”了。据史载，罗伯斯庇尔被拖上断头台的时候丑态百出，“像一条死狗”。但不管怎样，法国大革命的“同一首歌”——断头台的悲歌，从此，终于永远落幕了。

在罗伯斯庇尔掌握公安委员会大权实行所谓“雅各宾专政”的一年内，经他手推上断头台的就有17000多人。据史载：断头台杀人的最高纪录是在38分钟内砍下21个人头。一日之内，制造了2000多个冤魂！

自由广场当年遍地的无头尸体，被马车拉往郊外，草草丢弃在一个乱葬沟里。今日的法国人，在这里修建了一个著名的皮克毕公墓（Jardin de Picpus），将当年那些断头一族们的骸骨，不分阶级、不问党派、不论贫富、不管男女，都全部平等地合葬在一起。我们曾千辛万苦地寻到那荒凉的公墓里，向200多年前那3万多个无头冤魂们，默默地、平等地献上了一束鲜花。

希望你们在九泉之下，不要再搞“阶级斗争”了。

今日法国，尽管许多政府大厦的门楣上还用大理石雕刻着“自由、平等、博爱”等光辉的字眼，但现实生活中，却已无多少法国人会再去空谈这些理想，更几乎无人愿再谈“革命”。人们谈得最多的就是“时尚”和“文化”。他们把那个曾砍下国王脑袋的“自由广场”改称为协和广场，把那尊粗糙的自由神像砸烂扫走，把那座可憎的断头台深藏在一所监狱的贮藏室里永不再提，然后，再把埃及政府赠送的一尊3000年前的珍贵文物——卢克索方尖碑，代替断头台矗立在这里。这一切，都似乎在不经意间透露出法国人心底里一个深深的愿望，那就是——法国今后需要的，只是不同“文化”之间的“协和”。

所以今夜，漫步在协和广场上，我们依稀可闻的，便只有一阵阵巴黎香水在风中的细语。

魔鬼岛风云：“公民权利至高无上”

“任何人在未被宣告为犯罪以前，应当被假定为无罪。”

——1789年法国《人权宣言》第9条

有人说，当你漫步在香榭丽舍大道浓浓密密的法国梧桐树荫底下，或走过那卵石铺地的河边小巷时，眼前闪烁着塞纳河上的落日镕金，耳边飘荡着从烛光小餐厅里传来的阵阵手风琴浪漫情曲，这个时候，即使你口袋空空，身无分文，巴黎的风情，依然会令你陶醉。

但如果在突然之间，有一个恶狠狠的罪名从天而降，令你无端成了一宗冤案的主角的话，那么，在你眼中，巴黎的风光，不知是否还会如此浪漫？

现在，我们便站在塞纳河中的西岱岛上、法国著名的司法宫门前。而我们正前方的这座古城堡，就是那座大名鼎鼎的贡塞榭峄监狱了。

这座古堡监狱历史上曾关押过不少名人。此地的单人牢房，曾见证过路易十六王后临刑前的祷告；那间宽敞的大房间，则目睹了 75 名吉伦特党人“最后的晚餐”。那位弱质纤纤而竟敢行刺

“革命三巨头”之一马拉的科黛小姐，就是从这方天井里走向了协和广场上的断头台；而另外两位“革命巨头”——丹东和罗伯斯庇尔，也正是从这里开始，而步向了通往断头台的不归之路。

流连在这座著名的法国监狱博物馆里，那些令人伤感、令人惊心动魄的岁月时光，仿佛一幕幕地又出现在我们的面前。

不过，今日我们来到此地，却不是再来回首“法国大革命”的那一页页痛史，而是为了追寻109年前，在这座监狱里发生的一个轰动一时的法律故事。那宗冤案故事的开头虽然也很悲惨，但最后，它却有一个很好的结局，那就是：它令一向喜欢搞内战的法兰西人，终于开始明白到——人权的可贵。

这也是一个世界法律史上的经典故事。

1894年12月19日，法国国家最高军事法庭，曾在这所监狱的一个小房间里进行了一次秘密的审讯。被审讯者，是法军总参谋部见习军官，一个犹太裔的年轻英俊军人——德雷福斯上尉。对他指控的罪名是：他向德国出卖了军事机密情报。

审判的第一天，德雷福斯便以充分的证据，证明了自己与本案完全无关。而当时，检察机关指控他的唯一证物，就是一份泄密的文件，其上面的字迹，与德雷福斯的字迹“很相似”。

仅凭“笔迹相似”一项未能证实的疑点，怎么就能随便地逮捕、监禁和起诉一个军官？本来，检察机关也因证据不足而在犹豫。但军方的高层，却为了推卸责任嫁祸于人，因此，在审判还未开始前，便已经不停地向新闻界散布了许多诬陷德雷福斯的不实之词，而当时的法国民众，也轻而易举地就被煽动起一股盲目的仇恨。而在这爱国之火狂热燃烧的时候，一切公平、正义、程序、人权的观念，便不可避免地被烧成了焦炭。

照片：阿尔弗雷德·德雷福斯（Alfred Drey-fus）上尉。

审判，就是在这样的一种背景下秘密地开始的。

连续4天的审讯，德雷福斯都矢口否认控罪，因为他确实没有犯罪。

该说的都说了，该辩解的都辩解了。面对着不怀好意、死揪着不放的6位法官、证人、检察官们，形单影只、孤立无援的德雷福斯忽然想起了沉默权和《人权宣言》。

大家知道，沉默权，这种为保障司法公正而设立的司法程序，是英国人的一大发明。而法国，则是世界上第一个把“无罪推定”“被告人有权保持沉默”这个司法原则写入了宪法的国家。1789年，法国《人权宣言》第9条就明文规定了：“任何人在未被宣告为犯罪以前，应当被假定为无罪。”

但当日，法国的光荣却变成了法国的耻辱！什么“无罪推定”，什么“沉默权”“人权”，什么“公平、公开、公正的审判”，统统被“欲加之罪，何患无辞”8个字代替了。

面对着开始一言不发的德雷福斯，军事法庭陷入了僵局。为打破这个僵局，法军总参反间谍处的亨利少校，受命捏造了七封德雷福斯发给德皇威廉二世的电文。虽然他明知这样做，触犯了法国刑法第101条，是罪大恶极的，但“为了军方的利益和荣誉”，将一个犹太军官置于死地，又有什么大不了？

神秘档案一出现，军事法庭马上作出了判决：“德雷福斯犯下了最不可饶恕的罪行——出卖祖国”！

成千上万愤怒的法国雄鸡们，当时就在这座贡塞榭峄监狱墙外和司法宫门前高呼口号游行，“杀死这个犹太人！”当德雷福斯听完判决被从这座司法宫里押出来的时候，人群冲上前来，撕掉了上尉的肩章和军裤上的条纹，并狠狠地折断他的佩剑，然后，德雷福斯身负几十斤重的铁铐铁镣，被拳打脚踢、棍打鞭笞着，押解到南美洲海面一个四顾茫茫、炎热潮湿的魔鬼岛上，被囚禁于一间暗无天日的石头牢房里，生不如死，开始了他噩梦般的终身监禁生涯。

但谁也想不到，德雷福斯的噩梦，很快，就会变成了法国的噩梦。

3年后，亨利上校伪造证据的罪行被揭露，自杀身亡，这使法国社会中又爆发了一轮新的舆论风暴。面对事实，政府和军方为难了——如果为德雷福斯平反，那势必会使法国军队的形象和荣誉严重受损。与其让国家形象受损，倒不如让他继续在魔鬼岛上受苦。

但许多民众却不这样认为：国家的荣誉必须以真相为基础！“公民利益”应高于所谓的“国家利益”！如果德雷福斯确实是被冤枉的，那国家和军队就应该赶快为他平反！

就这样，当德雷福斯只身一人孤零零地在魔鬼岛上数星星的时候，他不知道，法兰西大地已因他又爆发了一场不流血的内战：真正的卖国贼——一位军方的高层已被送上了法庭，但法官3分钟后就宣布他无罪。而许多正直的军人则一一被解职、逮捕和入狱。最高上诉法庭刚同意复审德雷福斯案，报纸上便有文章号召要“挖出法官的眼睛”。混乱之中，许多犹太人在街上被人追打，而许多犹太人的店铺、住宅则被人砸烂或放火焚烧。对德雷福斯是否应该平反的问题，大小报纸都刊登文章进行了激烈的争论，许多家庭的父子兄弟姐妹一家人分成了两派，激烈论战的两大派都坚持认为：自己才是最坚强、最热烈的爱国者，只有自己才代表了法兰西这个伟大国家的前进方向！

在所谓的“德雷福斯叛国案”中，有许多官员和民众的观念，表现得如出一辙，那就是——“国家利益高于一切”！但很不幸，德国法西斯党的大魔头阿道夫·希特勒，竟然也持有同样的观点。他在臭名昭著的《我的奋斗》一书中写道：“生命是什么？生命就是国家。个人总是要死亡的，但超越个人生命之上的是国家。”这

照片：1906年7月12日，法国最高法院判决阿尔弗雷德·德雷福斯无罪、恢复名誉的那一刻。

句话背后的邪恶之处就在于：以“国家利益”的名义，权力者便可以随便地把“公民利益”视如尘土，而一切丧心病狂的权力犯罪行为，便可以轻易地借“国家利益”的名义冠冕堂皇而行之！相信民众对这一套已经是十分地深恶痛绝了。

凭良心说，我认为：个别的公民利益，有时必须也应该服从整体的“国家利益”。但“国家利益”，却不能永无止境、无限度地去侵犯公民利益。过去常有一句似是而非的教育群众的话：“大河有水小河满”，把公民利益错误地放置在所谓的“国家利益”之下来支配、宰割和剥夺，还美其名曰这是一种“传统美德”。但现代的自然生态科学、环境科学却告诉我们：小河有水，大河才能满！小河之水并非来自于大河的恩赐，而相反，大河的活力，其源泉，却正是来自于千千万万条小河的支持！

这话儿可能扯得有些远了，让我们还是把话题说回到本案上来吧。1899 年，德雷福斯在魔鬼岛上被囚禁了 5 年之后，终于被带回雷恩军事法庭重审。事情本来已经有了转机，但军方却依然坚持他是有罪的，只不过是改为“判监 10 年”。

当时法国许多著名的社会人士以及政府官员们都对军队深深地失望了，他们联名上书，向总统请求特赦了德雷福斯。当德雷福斯洒泪离开魔鬼岛的时候，他给总统写了一封信：“共和国政府还给了我自由，但若没有荣誉，这自由对我来说毫无意义。我要努力推翻这个错误的判决，我要使整个法国都知道，我，是清白无辜的。”我们本来很想去一趟魔鬼岛，去拜访一下德雷福斯的囚禁之地。但山高水长，往返费时，还是等以后有机会再说吧。

1906 年，就在德雷福斯离开魔鬼岛的 7 年之后，法国最高上诉法院才终于彻底平反了这一宗大冤案。谎言已经讲得太多，又何必再讲？血泪已经流了遍地，又何必再流？共和国为这件冤案已动乱了 12 年，又何必再乱？不管如何，公正终于实现了。

公民的权利是很脆弱的。但公民的权利又必须至高无上！法国人用了 12 年的时间，学懂了这深刻的一课。

塞纳河水日夜奔流，巴黎的风光依然美丽。在恢复了自由的德雷福斯眼中，法兰西的天更蓝，水更清。他毫不犹豫地重返了军队，并被晋升为少校。

站在西岱岛司法宫的门外，我想起了，这宗冤案还有一段悲壮的后话：8 年之后，德军发动第一次世界大战，法军节节败退。时年 55 岁的德雷福斯少校率领炮兵部队，在巴黎保卫战和著名的凡尔登保卫战中，在大批高级军官纷纷临阵逃脱、投敌叛变的劣势下，他却大义凛然地，以国家利益的名义，冲向了德军猛烈的炮火。

国家爱公民，公民才能爱国家。历史的悲歌，发人深省。

法学链接

在现代民主国家里，法的本质，已从维护封建帝王统治的、以人民义务为中心、以暴力压迫为主导的“暴力之法”，转变为维护全体人民利益的、以公民权利为中心、以利益冲突的调节和调解为主导的“权利之法”。所以，现代一切民主国家的法典上，都明确规定了公民有许多的权利。要考察一个国家的人权状况如何，最简单的一个做法就是去考察这个国家的立法思想和司法准则究竟是以“权利本位”还是以“义务本位”，究竟是以“国家利益”的名义去治理国家，还是以“公民利益”的名义去治理国家？是人民为国家、法律而生，抑或是国家、法律为保障人民的权利而设？对这些问题的答案，便形成了所有国家法律大厦中最根本的一块奠基石，构成了衡量一个国家是“法治”抑或是“人治”的一道分水岭。

“指纹学之父”：小人物的大贡献

“在人类的所有数据中，指纹，是可以保存所有的个人特点而终生不变的最重要数据。”

——1892年［英］弗朗西斯·加尔顿勋爵《指纹学》教科书

犯罪是一门古老的“职业”。鉴别和确认罪犯，也同样是一门古老的技术。

不过，在漫长的古代，世界各国法庭破案的方法却是如出一辙的简单粗暴——不仅仅是以“人证为主”，而简直就可说是“人证唯一”。各国的法官们都很少去收集物证、研究物证，审案的时候，他们往往会像中国的县官大老爷一样，把惊堂木一拍，然后便大喝一声：“从实招来”！如若不招呢，那就必定是“大刑伺候”了。这种不动脑筋、不靠科学技术、仅靠刑讯逼问口供的野蛮司法方式，曾使世界各国的法庭，这个本应是主持公平正义的地方，却一度成为了一个鬼哭狼嚎、阴森恐怖的地方，也使人类的法治精神，蒙上了一层厚厚的污垢。

幸好，自19世纪末以来，自英国的柯南·道尔爵士创造了那位手持放大镜、仔细搜查犯罪现场的神探福尔摩斯的形象之后，这种情况开始有了很大的改变。一股以“物证”为主、依靠科学去鉴别犯罪痕迹的司法文明新风，迅速成为了西方各国司法界一股进步的潮流。

今日，我们的法律之旅又来到塞纳河上绿树成荫的西岱岛，到离巴黎圣母院不远处的巴黎警察局里，去寻找一个法国小警察的故事。这个小小的警察，在西方刑侦技术史上可是个响当当的人物——他早在福尔摩斯还未出世的时候，便已经拿着放大镜四处去研究罪犯的指纹了。今日全球的警界，仍公认他为“指纹鉴定之父”“西方刑侦技术的鼻祖”，他的名字，叫阿方斯·贝蒂荣（Alphonse Bertillon）。

指纹，由长短粗细不一、形状各异的纹线组成，分为弓形、箕形、斗形三种基本类型。指纹虽小，但它却具有终身不变、人人不同这两个极重要的特性，因此，今日世界，各国的刑警们，都把它视为最理想、最可靠的确认罪犯身份的证据之一而努力去搜寻。但人们能认识到这一点，却经历了漫长的三千多年时间！

最早认识到指纹这两种特性的，说起来，还是我们中国人。在很古很古的时候，中国人已经懂得用压上手指凹痕的火漆作为重要信函的封条。而西方人认识到这一点，还只是这二三百年间的事。从 17 世纪至 19 世纪中期，曾先后有 6 位英国和德国的学者发表过论文，指出过“指纹”的种种模式、成因和特点。但这些学者们，却无一人能意识到它的实用价值，那就是：指纹，可以用来对罪犯作人身鉴定和确认。这种认识来自于另外三个普通的

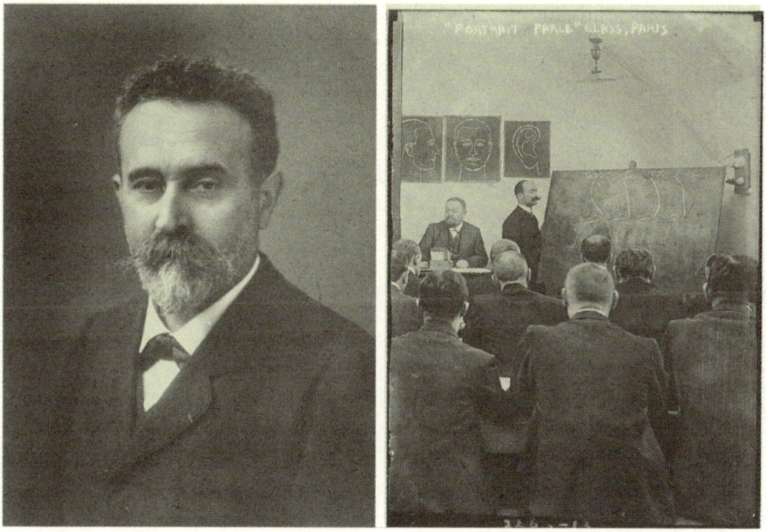

照片：阿方斯·贝蒂荣（左），右图是贝蒂荣在巴黎警察局讲解刑侦技术。

人，而最早的一个，就是贝蒂荣。

1880 年 10 月 28 日，富尔茨医生在英国的《自然》杂志上发表了一篇文章，说他研究和发明了一种技术，可以使肉眼看不见的、由毛孔的油和汗产生的“隐性指纹”显影。他曾在日本用这种技术使一个小偷落网，因为他在窗框上留下了一个看不见的指纹。但马上，就有一个叫赫谢尔的官员出来争辩道：他早在担任孟加拉某地的行政长官时，就已运用过“指纹鉴定”的方法来揭穿了许多冒领养老金的骗子。他愤愤不平地说：他才是指纹鉴定技术的发明者。

正当英国的学术界吵翻了天的时候，贝蒂荣，这个巴黎警察局默默无闻的小职员，却早就悄悄地取得了一项世界领先的成就——据说，他早在富尔茨和赫谢尔二人对指纹产生兴趣的几年前，便已积累了几千张从犯罪现场找到的和从疑犯身上取得的指纹记录卡片。这个事实，使他无可争议地被公认为全世界的“罪犯指纹鉴定之父”。

贝蒂荣因为家贫，小时候多次被迫退学。因为个性倔强，他在工作时曾多次被老板炒鱿鱼。一直到20多岁时，四处流浪的他才在巴黎警察局找到了一份临时工——一个毫不起眼的档案管理员。也许是机缘巧合吧，生性孤僻的他，在这个枯燥无味、处处尘封的档案室里却是如鱼得水：这里虽然工薪低微，但没有那些复杂的人际关系，更没有现代人那些勾心斗角、踩着别人往上爬的“办公室政治”；这里没有多少事情可干，但这里却有大量从犯罪现场收集到的物品，这些物品里，都隐藏着一个个错综复杂的犯罪故事，尤其是在放大镜下，当看到那些乌漆漆的指纹，竟然会呈现出种种非常美妙的、迷宫似的花纹时，这就足够让这位性格内向、百无聊赖的贝蒂荣沉浸其中、乐在其中了。

经过多年的勤奋研究，贝蒂荣终于逐步建立了一个庞大的指纹记录资料库，还建立起一个初步的指纹分类系统。这一切工作，终于产生了第一个成果。1882年，法国警方利用他的指纹库资料与一个谋杀案现场的血指纹比照，顺利地找到了疑凶。他因为是欧洲第一个用指纹证据来解决谋杀案件的人而一夜成名，而他的身份，也从一个临时工晋升为正式的警察。

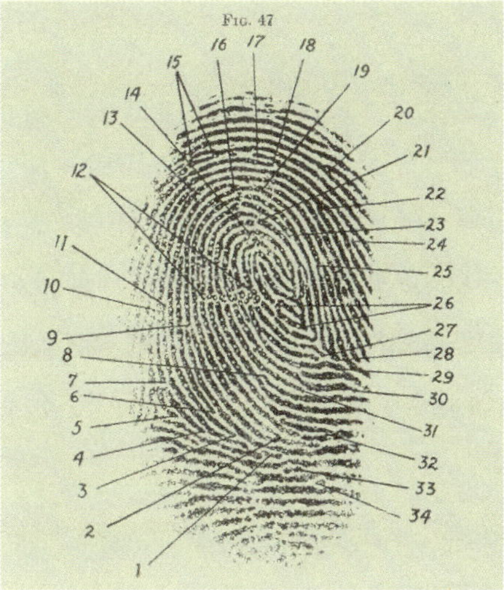

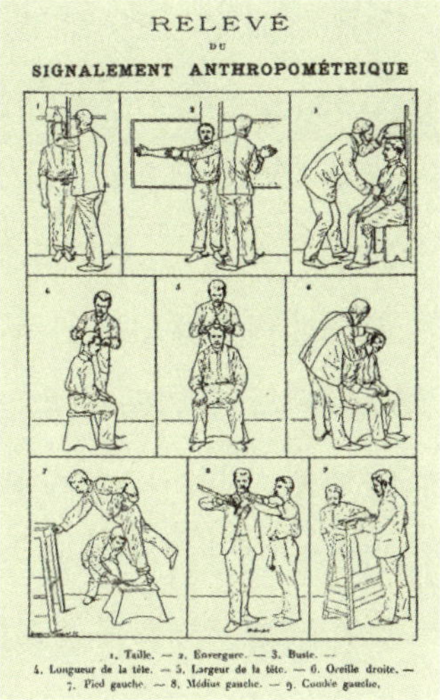

贝蒂荣的“指纹学”“人体测量法”使其成为“西方刑侦技术的鼻祖”。

可惜的是，贝蒂荣毕竟书读的少，缺乏深厚的学术根基和学术思维，所以，他一直未能对指纹学有更深入的研究。而对刑侦实务工作的热爱，却使他的研究转向了另一个方向。后来，他又发明了一种方法用来鉴别罪犯：测量、记录 11 种数据——譬如左臂的长度（从肘部到中指尖）、两臂伸展的宽度、左手中指和小指的长度、左脚的长度、右耳的长度，脑袋的直径、长、宽度，坐高和站高，眼睛的颜色、身体的特征（如伤疤、痣等），正面、侧面的肖像，再加上右手的指纹。用这种测量的结果去鉴别“谁是真凶”，据说，其误差率只有 2.86 亿分之一。

平心而论，这种看起来很笨的方法还是有一定的科学性的。1883年，法国警方试行这种“贝蒂荣人身测量法”，一年之内，就抓获了300多名重犯。于是，欧洲各国警界也纷纷采用这种方法来破案。不过，这种方法虽然使罪犯鉴定有了一个科学的基础，但由于过程太过烦琐，且许多数据并非是“终身不变”的，而具备“终身不变、人人不同”的宝贵性质的指纹，在这里，却只屈居于附属的地位，因此，许多专家批评这种“贝蒂荣人身测量法”，是一种“脱裤子放屁”的笨办法。

在巴黎警局有关警员的陪同下，我们走进了这座巴黎警察局的二楼，参观了琳琅满目的犯罪鉴证科。在贝蒂荣的年代，这里曾名为“巴黎警察厅辨真局”，贝蒂荣也曾因功绩卓著，而从一个默默无闻的普通小警察，坐上过局长的交椅。不过，就在他声誉日隆的时候，他发明的“贝蒂荣人身测量法”，却意外地遭到了沉重的一击。

这一击，来自大西洋彼岸的美国。1903年，美国堪萨斯州的利温澳尔斯监狱，关进来了一个高大威猛的黑人犯人。按照惯例，监狱警方对他进行了“贝蒂荣人身测量法”以记录在案。但测来测去，警方人员越看越觉得他面熟，问他是否在这监狱里待过？犯人却回答说“NO”。狱警越想越不对劲，他们跑去一间牢房，把另一个黑大汉带来这里，当二人同处一室时，简直把所有的警方人员都惊呆了——这二人毫无血缘关系，却简直像一对孪生子！新来者叫威尔·韦斯特，而原来已在监狱的则名叫威廉·韦斯特，这二人姓氏一样，面貌一样，身高一样，正面、侧面的肖像都一样，按贝蒂荣的“人身测量法”去量度，居然所有测量的数据都一样——只是指纹有所不同！这个被称为“历史上最大的巧合”的“双韦斯特”案例，终于，使“贝蒂荣人身测量法”遭受了致命的一击。一个月后，美国的监狱就纷纷抛弃了“人身测量法”而采用了“指纹鉴定法”，苏格兰场（英国人对伦敦警察局的别称）也只采用指纹鉴定来破案。就在这一年，英国的爱德华·亨利勋爵出任伦敦警察局的局长，他在前人研究，也包括贝蒂荣研究的基础上，发展出一套切实可行的指纹分类系统，次年出版成书。他的指纹学理论，在英国、法国，全欧洲，甚至在美国的联邦调查局（FBI），都一直沿用至今。

在今日的世界上，指纹鉴定，可以说，已成为现代司法公正的一条坚强支柱。再没有什么东西，能比发现“两个人不可能有相同的指纹”这一点更能大大地促进刑侦科学的发展了。追根溯源，贝蒂荣在这门科学上虽然失败了，但毫无疑问，他却是这门科学伟大的先驱者。

法治的宣言：波茨坦郊外的老磨坊

"法院是法律帝国的理想，法官是法律帝国的王侯。"

——美国当代法学家罗纳德·德沃金：《法律帝国》

这一节，我们的"世界法律之旅"离开了巴黎，来到了德国首都柏林附近一个风光如画的小镇——波茨坦。

夏日的清晨，行走在小镇宁静的街道上，天空是蓝蓝的，阳光是暖暖的。举目四望，只见这座小城，遍地散落着法国式的园林、荷兰式的街道和英国式的石头别墅，而在一地的绿树丛中，你还不时会见到一两座俄罗斯教堂、阿拉伯清真寺的洋葱头状尖顶，甚至有一座古老的中国式龙塔，在静静地闪光。当凉风轻轻吹来，空气中飘动着一阵淡淡的野花芳香的时候，那种清凉静谧的感觉，便忽然会令你想起中国的庐山，想起庐山东谷那片优雅宁静、充满了欧陆风情的老别墅群。

说起来，今日中国，可能会有许多人从来都没有听说过"波茨坦"三个字的。但是，在 60 多年前，在世界反法西斯战争的战史上，这个风光如画的小镇，却是一个赫赫有名的地方——1945 年 7 月，当苏联红军攻克柏林之后，斯大林、杜鲁门、丘吉尔这

“‘二战’三巨头”，便正是在这个硝烟未散的小镇上，举行了一次举世瞩目的“波茨坦会议”，来商讨如何处置战败的德国及如何去重建战后的欧洲新秩序等重要问题。会后，当时的中、美、英三国政府，还曾经在此地发表了一则庄严的联合声明——《波茨坦公告》，去敦促日本法西斯投降，并警告日本：必须向中国归还台湾、澎湖列岛。因此，在当年四万万中国同胞的心目中，这篇气壮山河的《波茨坦公告》，简直就如同是一篇正义的宣言。而战后的六十多年以来，不言而喻，当年那座“波茨坦会议”的旧址——那座德国皇帝宏伟壮丽的“新宫”，便一直都成为这个小镇上最最吸引游人的景点，无论是西方的还是东方的游客到此，绝大多数都要到那儿一游。

但我们今日此行的第一个目标，却不是那座游人如织的“新宫”，而是静静地隐藏在波茨坦郊外另一片森林里的另一座行宫——桑苏西宫（Sanssouci Park，又译“无忧宫”）。因为，你知道吗，这座历史悠久、风光优美的无忧宫，不仅向来被人们称誉为“欧洲大陆唯一一处可以媲美凡尔赛宫殿的皇家园林”，而且，数百年来，令无数法律学人对此地心驰神往的主要原因就是：此地，还曾经是一个惊天动地的，关于“一个又穷又倔的磨坊主老头在面对野蛮拆迁的时候，是怎样循司法的途径，去告倒了一位权势显赫的大国王”的法律故事的发生地！近300年来，那座名扬四海的老磨坊，一直静静地屹立在桑苏西宫的围墙外，而那个古老的传说，及传说中那一句磨坊主的名言：“吾德尚有法律在，此不

无忧宫和宫殿旁边的磨坊风车。拍摄者是Miguel Hermoso Cuesta。

平事，我必诉之于法庭。”那种对法治的信仰，迄今为止，仍然一直还在那老磨坊的天空上，在那架不知疲倦地日夜转动的大风车的嘎嘎声中，日夜流传。

现在，追寻着这个传说的依稀足印，我们来到了无忧宫的围墙之外，并怀着一种朝圣般的心情，站立在那座声名远播的大风车之下，向读者朋友们讲述一个关于“磨坊主告国王”的伟大传奇。

根据毛泽东一生革命道路最早的指路人、杨开慧烈士之父杨昌济先生1912年赴德国考察教育时的见闻录——《静观室札记》记载，并参阅了其他众多中文文献的相关记述，这个世界法律史上空前震撼的法律故事，其基本的情节是这样的——

1866年，深秋某日，普鲁士王国（德国的前身）的国王威廉一世，在一大队御林军的前呼后拥之下，兴高采烈地来到了这座行宫里。

说起来，这位普鲁士国王威廉一世，在世界史上也还算是一个声名显赫的角色。他在德国历史上的地位，可以与中国的秦始皇、俄国的彼得大帝约略相比。他一上台，就曾说道："当其他国家在争夺陆地与海洋的时候，我们德意志人只能注视着头顶上的天空的时代，该结束了。"他任命那位著名的"铁血宰相"——俾斯麦为总参谋长，对左右邻国发动了三场闪电式的侵略战，并连战皆捷，开疆万里。他打赢了对奥地利的"七周战争"，把 500 万人口和 64 万平方公里土地划入了普鲁士的版图，然后，从维也纳大吹大擂地凯旋归来。而 5 年之后，在那场著名的"普法战争"中，他更是势如破竹地打到了巴黎的城下，并在凡尔赛宫著名的"镜厅"里，为自己加冕成为整个德意志的第一个皇帝。由此，你可以想见，当日的威廉一世，是多么春风得意、踌躇满志。

想当日，阳光灿烂的日子，得意洋洋的威廉一世登上了这座行宫的顶楼。在他的身后，簇拥着一群大臣和花枝招展的贵妇小姐。放眼望去，这座"无忧宫"的建筑式样，连同宫内的喷泉、林荫大道、草地、雕塑，都是由他的先祖腓特烈大帝在 100 多年前，完全仿照法国的凡尔赛宫来翻版而建造的。当威廉一世正眺望着眼前这片美丽的风景时，忽然，一座又残又破的大风车磨坊，映入了他的眼帘，挡住了他眺望全城的视线，这给威廉一世的好心情里，投下了一道不可容忍的阴影。

"拆掉它！"威廉一世发出了一道阴沉的命令。

"是，陛下！"一个大臣赶快飞跑而去。不过很快就飞跑回来:“报告陛下,拆不得,那是一家私人的磨坊……”

威廉一世恼怒了:“花钱买下来！再拆！快去办！”

“是！是！”大臣再次飞奔而去。然而,过一会儿,又再次飞奔回来,气喘吁吁地报告说:“陛下,陛下……那磨坊……还是……不能拆……”

“为什么?”威廉一世惊讶地问。而答案却很简单:“那磨坊主……死活……不肯卖。”

“多给他钱！他要多少就给多少！”国王开始不耐烦了。

“不行啊,陛下,那个倔老头儿说了,磨坊是他爷爷的爷爷从腓特烈大帝时代就开始留传下来的,一家人世世代代靠它糊口为生。还说:它的价值无法计算,是一项无价之宝,给多少钱也不肯卖！”

“混账！”威廉一世暴怒了。我南征北战,攻城掠地,取人王冠领土如折路边野花,这小小一个倔老头儿,居然敢与我讨价还价?于是,威廉一世大声咆哮道:“马上派兵去给我拆掉这磨坊！谁敢抗拒,就地正法！”

一大队御林军应声蜂拥而去,铁蹄踏处,老磨坊顷刻被夷为平地。

国王竟然如此胡作非为,这个国家到底还有没有天理?正当围观的群众义愤填膺、议论纷纷的时候,据说,那个又穷又倔的磨坊主老头,却是出乎所有人意料地非常冷静。据杨老先生的记载:这位磨坊主老头既不哭也不闹,既没有呼天,也没有抢地,而是袖手旁观,任由官兵把他的旧磨坊拆毁,然后从容地对围观的人群说:

“为帝王者或可为此事，然吾德尚有法律在！此不平事，我必诉之于法庭。”此时，围观者们亦纷纷表示了各种或担心或赞同的意见：

“这样蛮不讲理，完全是违反法律的！”

“可他是国王呀！”

“难道国王就可以随便侵犯老百姓的权利吗？”

“如果国王就可以不遵守宪法，那国家的法律还有什么用？”

“告他去！”“对！告国王！”“控告国王！”

于是，金光灿烂的无忧宫外，秋风黄叶，顷刻间，便掀起了一场惊天动地的法律风暴。

追寻着当年成千上万波茨坦市民游行队伍的脚步，当天下午，我们来到了德国首都柏林最高法院的门外。据说，当年磨坊主老头就曾经在这里，郑重地向普鲁士最高法院呈递了一份古往今来破天荒第一次的“民告国王”的起诉书。起诉书的内容大概是这样的——原告人：磨坊主某某；被告人：国王威廉一世；事由：被告人利用王权擅拆民房；要求：赔偿原告人一切损失！保障国民“私有财产神圣不可侵犯”的财产权利！

起诉书一出，整个普鲁士震动了。整个德意志也都惊动了。小市民告大国王？相信，当时的整个欧洲，都在注视着这宗世界法律史上第一宗也是空前绝后的一宗“土室案件”的审判。

开庭审判的那天，据其他的文献资料记载说，柏林最高法院的旁听席上挤满了来自全国各地的人，但被告席上却空着，骄横的国王拒不出庭，也没有派律师代表前来应诉。可这并不妨碍缺席审判。

当原告磨坊主老头向法官详细叙述了事情的经过后，据说，旁听席上当即便爆发出了一阵雷鸣般的怒吼声："赔偿！赔偿！赔偿！"

对这宗案情极其简单、事实一目了然的民事小案子，最高法院的三位大法官却面面相觑，一时竟不知如何是好。

但正义女神的雕像，就矗立在法院的门外，雕像背后的那句格言，还铭刻在三位法官的心头："为了正义，哪怕它天崩地裂！"三位法官最后终于统一了意见——"法官只有一个上司，那就是法律！法官只忠于一个上司，那就是法律！"他们毅然地一致裁定：被告人因擅用王权，侵犯原告人由宪法规定的财产权利，触犯了《帝国宪法》第79条第6款。现判决如下：责成被告人威廉一世，在原址立即重建一座同样大小的磨坊，并赔偿原告人各项损失费、误工费、诉讼费等费用150元。

铿锵有力，大快人心！据说当时，欢呼而出的人群几乎挤破了法院的大门。

可以想象，当那位不可一世的威廉国王接到这份判决书时，一双手，是会怎样地颤抖。经过一番痛苦的权衡之后，威廉一世不得不向法律低头。他当即决定：完完全全，按法庭的判决书去办。

在法律面前人人平等！连国王也不能例外！

于是，一座崭新的磨坊又矗立在桑苏西宫的围墙之外，而那座崭新的荷兰式大风车，便开始成为德国法律史上一道独特的风景。

150大元也送到了老头儿手上。

磨坊主告国王的案例，终于得到了一个圆满的结局。

徘徊在柏林最高法院的法庭内，回想着这个130多年前的惊世奇案，真不由我们不感慨万分。西方人的法官是真真正正的“法不容权”。这一切，真不由我们不猛然惊觉，原来，在西方的法律文化传统之中，还真的有一些值得我们好好学习的地方。

有一点，是特别需要在这里一提的，那就是：日后，当普鲁士的国王威廉一世成为德意志的皇帝威廉一世后，那三位刚直不阿、秉公执法的大法官，不仅没有被德国皇帝秋后算账，反而，还受到了威廉一世衷心的赞扬。据杨老先生的记载：在追忆此事时，威廉一世曾感慨地说：“吾国法官正直如此……此吾国至可喜之事也。”

什么叫法治？这就是！

用香港前律政司司长梁爱诗女士的说话来说：“所谓的法治，是指政府的行为要有法律的依据并符合法律规定，公民的权利要由法律来界定及受法律保障，以及，法律面前，人人平等……”

简单一点来说：从上到下，从国王到法官、从法官到平民，人人都要依法办事，这才叫法治。

今时今日，倘若你有机会来到柏林郊外的小镇，在桑苏西宫的围墙外，你仍然能看到这座闻名遐迩的老磨坊。从威廉一世的时代起，这座磨坊，便被德国人尊称为一座“历史磨坊”。虽然在第二次世界大战后期，老磨坊曾被炮火打成了一地的断壁残垣，但1993年，两德统一后，德国政府又投入巨资，把这座“历史磨坊”修葺一新，并在此地建起了一座磨坊博物馆，而那架荷兰式的大风车又重新转动起来。当日，我来到此地时，只见那座老磨坊在历经了几个世纪风风雨雨的冲刷之后，依然是那样的容光焕发，历久弥新。它就像那个小小的磨坊主老头一样，虽不高大伟岸，但坚强倔强，一任年年的风吹雨打，却始终不屈不挠地，矗立在金碧辉煌的桑苏西宫围墙外。

法学链接

“德国磨坊主告国王”故事最早的文献记录，出自于毛泽东的岳父杨昌济先生之手。90 多年前，杨昌济先生在其旅欧见闻录《静观室札记》中对这个“老磨坊故事”记述的原文如下——

“德国前皇威廉第一在位时，有一离宫在坡疵坦（今波茨坦）地方。离宫之前有磨坊，欲登高远览一切景象，为所障碍。德皇厌之，传语磨坊主人曰：‘此房价值几何？汝自言之，可售之我也。’孰意磨房主人殊强项，应之曰：‘我之房基，无价值可言（无价之宝的意思）。’德皇闻之赫然怒，令人将磨房毁去。磨房主人袖手任其拆毁，从容曰：‘为帝王者或可为此事，然吾德尚有法律在，此不平等事，我必诉之法庭。’彼竟与德皇构讼。法庭依法判决德皇重将磨房建筑，并赔偿其损失。德皇为法律屈，为人民屈，竟如法庭所判。事后且与人曰：‘吾国法官正直如此，我之大错，彼竟有胆识毅然判决之，此吾国至可喜之事也。’”

现代中国所有关于这个法律故事的各种大同小异的版本，其最初的源头，可能都是出自于这篇札记。

大风车传说：“老磨坊真相”背后的真相

“一个法律共同体如果容忍不公正现象的话，那么，它便比那些意图在大街上抢劫的犯罪团伙更危险和更糟糕。”

——18世纪普鲁士国王腓特烈大帝

本书第一版自2004年年初问世之后，上述那个“德国磨坊主告国王”的故事，便马上通过全国各地的报刊转载、网友评论，而开始在中国的大地上不胫而走。

老实说，这种情形，真的有点儿出乎我的意料。从读者的反响来看，那篇关于“德国老磨坊故事”的游记，显然是本书在广大读者群中最受欢迎、最震撼人心的一篇。

但是，在一派的好评声中，实话实说，这个故事，也曾经遭遇到有些读者一阵猛烈的质疑。2007年年初，在本书出版的3年之后，亦即是重庆那宗“中国最牛的钉子户”事件正闹得沸沸扬扬的时候，有一位读者，突然在网上发表了一篇名为“德国皇帝与磨坊

绘画：磨坊主与威廉一世争讼图。

的真相”的评论。文中，该位读者尖锐地批评我在书中不仅“不动脑子”地去讲述了一个“传说”，而且，我在“张冠李戴”的同时，还歪曲了事实、加添了情节，使整件事情“错得离谱”。到最后，这位读者又断言：我是在“把传说当史实来讲”，而“一扣住史实，则既没有磨坊被野蛮拆迁，老弗里茨（指腓特烈大帝）的法治之功也不那么优秀”，云云。

本来，我是无心与任何人士去打这类“笔墨官司”的。因为，我深深地知道两点：第一，这个故事并不是我的“无中生有”，而是一个有根有据的、有着众多文献资料记载的著名案例。其中，被法学界公认为最早也最为可靠的文献记录，便正是毛泽东的岳父、杨开慧的父亲杨昌济先生在1912年写的那部《静观室札记》。而我在本书第一版“波茨坦游记”一文里讲述过的，及中国法学界许多专家学者都曾经引用过的那个案例故事，更无一例外，都是源出于此。第二，倘若你将我在书中讲述的那个故事与杨昌济先生用文言文写的“旅德见闻录”细心对照一下的话，那么，你会不难发现——我的转述，无论是在时间、地点、人物、事件还是在事情的起因、事态的发展和事件的结局等方面，整体来看，几乎可以说：绝对忠实于杨先生的原文。

本来，此事是打算就这样算了。但转念一想：对于这个在中国法学界流传了将近100年，而百年以来，又从来都未有任何一个专家学者提出过任何异议的著名案例，现在，却开始有一位读者提出了一种毫不客气的批评和纠错意见，想来，在这位读者的言之凿凿和振振有词的背后，恐怕也未必会是毫无根据。看来，这里面或许真的存在一些鲜为人知的隐情？再认真想想：不管怎样，“虚心使人进步，骄傲使人落后”，而且，“实事求是”这4个字，本来就是我一生治学的根本原则。而作为一个普法作家，我觉得，为了不使神圣的学术殿堂蒙污，我似乎更加有责任、有义务，去彻底地弄清楚这个问题——如果是我错了，那我就二话不说，坦然认错；如果我确实没错，那我就欣然著文，再将那些追踪事实真相的曲折过程，来与广大的读者朋友们分享。这样处理，亦岂不善哉？

所以，一念及此，便使我心释然。2个月后，恰逢有关方面邀请我去撰写一部关于广州地铁的长篇新闻报道，而我为写好这部工程技术性、政论性都很强的深度报道，又正好要计划去欧洲六国考察一番世界地铁产业与城市规划建设的发展潮流，于是，借此机会，我便在由罗马去巴黎、伦敦的途中，抽空去了趟德国的法兰克福，并找到了两位在当地任教师的德国朋友，请他们帮忙去查对一下那座老磨坊的有关资料。

自欧洲返回后不久，一大叠厚厚的德文资料和中文翻译稿，就已经从法兰克福飞越过整个欧亚大陆，而沉甸甸地降落到我的书桌上。打开一篇由德国学者于 2003 年为庆祝波茨坦那座老磨坊重建十周年而写的纪念文章一看，我极其遗憾地发现：原来，就正如那位读者所指出的那样，那个轰动一时的、关于“德国磨坊主告国王”的经典案例，却竟然不是一宗真的史实，而只是一个“想象”与“史实”奇妙地交织在一起的混合体。客观地说：在那个故事里面，是既有一定的史实，也有大量的传说。不过，无可否认，恐怕还是以“传说”的成分居多。

由此看来，我在本书第一版里所讲述的那个故事，便真的是在某些情节上出错了。推而论之，我的资料来源，即杨昌济前辈 100 年前的旅德见闻，亦岂不会是出了点儿问题？

俗语说得好：“错了就是错了。”在现代最新的德文资料面前，我不能不承认自己的故事是出了差错。虽然，恕我直言，批评者的口气是有些尖酸刻薄，但活该，谁叫你真的有把柄让人家捏住了？不过，此时此刻，把这些私人恩怨先抛在一边，我私下以为：广大读者最关心的，一定不是“谁对谁错”的问题，而是“事实的

航空拍摄无忧宫全景，磨坊位于照片的左上角。拍摄者是Sven Scharr。

绘画：正义的弗雷德里希。意大利画家Vincenzo Vangelisti（1740-1798）创作于1780年。弗雷德里希二世，普鲁士国王（1740-1786）。在内政方面，他推行了农业改革、军事改革、教育改革、法律改革。他的名言是“我是这个国家的第一公仆”。他对法律的发展贡献良多：普鲁士是欧洲第一个享有有限出版自由的君主国，废除了刑讯逼供，还建立了廉洁高效的公务员制度。在弗里德里希二世统治时期，普鲁士兴建了数以百计的学校。另外，当时普鲁士的人民可以通过上书或求见的方式向国王求助。弗雷德里希二世竭力避免封建制度的流弊，对此他对自己手下的官员非常不信任，他深深感到等级观念会作祟。“我很不高兴，那些在柏林吃上官司的穷人，处境是如此艰难。还有他们动辄就会被拘捕，比如来自东普鲁士的雅各布·特雷赫，他因为一单诉讼而要在柏林逗留，警察就将他逮捕了。后来我让警察释放了他。我想清楚地告诉你们，在我的眼中，一个穷困的农民和一个最显赫的公爵或一个最有钱的贵族没有丝毫高低之别。法律面前人人平等！”（弗雷德里希二世1777年致司法部部长的信）。

真相又究竟如何”的问题。因此，为了尽一个作者的责任，下面，就让我本着一种“求真、求实”的精神，来努力梳理一下那些迄今仍然记录残缺的，且与许许多多相隔遥远的、连德国人自己都不知是出于何种目的而不断添加进去的浪漫传说纠葛在一起的事实真相，向广大的读者朋友作一个简要的交代。

据我朋友寄来的、由德国学者菲利浦·奥浦曼（Philipp Oppermann）撰写的“无忧宫花园的历史磨坊”一文的介绍，这座在德国声名远播的老磨坊，其背后那些传奇故事的来龙去脉大致上是这样的——

1713 年，第二任普鲁士国王腓特烈·威廉一世（注：近代史上，200 多年间德国曾先后产生过勃兰登堡选侯、普鲁士国王和德意志皇帝三个不同的威廉一世）继腓特烈一世之后，登上了普鲁士国王的王位。就是在他统治的时期（1713—1740 年），波茨坦这个风光如画的小镇，才急速发展成为一个有大量驻军和贵族的行宫型都市。而为了满足人口增多和粮食供应随之飞速增长的需要，于是，在这个小城中要大力兴建一些风力或水力的磨坊，就成为腓特烈·威廉一世必须要考虑的政策之一。

于是，1736 年，这位威廉一世，便亲自批准了磨坊主约翰·威廉·加运利兹在加伦山上一处八面来风的地方修建一座风力磨坊的申请。1737 年，磨坊建成，并开始投入运营。不过，3 年之后，那位在德国历史书上被称为“战士国王”的腓特烈·威廉一世便去世了。而腓特烈二世（史称腓特烈大帝）继位之后，便下令在那座大风车磨坊旁边，仿照法国凡尔赛花园的形式兴建了一座夏宫——桑苏西宫。不料，这座桑苏西宫那堵又高又大的围墙，使它旁边那座老磨坊所得的风力大大减少，进而无法正常转动。于是，磨坊主加运利兹就以维护自己的财产权利之一的“通风权”，而与腓特烈二世发生了一场著名的法律争端，而那个影响深远的“德国磨坊主告国王”的传奇故事，就是由此而开始。

这场官司的过程和结果如何？菲利浦的文章并没有提到。（据另一份德文资料《腓特烈二世时代司法形象一瞥》的记载：1746 年 6 月 4 日，腓特烈二世命令波茨坦“战争与领地法院”审查磨坊主加运利兹对他的申诉，并在命令后附上一份亲笔信，说明：“由于无忧宫用高墙围绕着葡萄园并种植了高树，这确实导致加运利兹的磨坊因为风少而必须停工、还要年年交租……”因此，这位公正的腓特烈二世，面对事实，向法院表示认可了加运利兹的申诉，及批准了加运利兹提出的“要不就减免租金，要不就由国王承担费用，在其他合适的地方建一个新磨坊”的要求。）

接着，菲利浦的文章又继续讲道：加运利兹“加倍利用了国王的大度。他自己经营那个由国王出钱兴建的新磨坊，却将无忧宫旁边那座风力微弱的旧磨坊卖给了另一位磨坊主卡勒茨（Kalatz）”，而卡勒茨 10 年后又把磨坊转卖给了科格（Vogel）。简言之，18 年间，该磨坊换了三个主人。到 1781 年的时候，第三任磨坊主科格又再次因“通风权”受损的问题而再一次将那位宽宏大量的国王腓特烈二世告上了法庭。而这一次的结局，是磨坊主再一次赢得了诉讼："国王承认其权利并从1781年起豁免了他的租金。"

而在这里，关于这位两次被磨坊主告上法庭的腓特烈二世，有些历史背景看来是很值得一提的，那就是：当这位腓特烈大帝继任为普鲁士国王之后，为改变当时德国的"千年落后"面貌，他便决心去实行一种叫作"开明专制"的统治政策。不说你可能不知道，就在他在位的46年里，普鲁士就已经悄悄地取得了两项世界上遥遥领先的文明成就——一是教育，二是立法。当时的普鲁士，教师已是最受人尊敬、收入最高的职业，他们一边在传播西欧发明的种种科学知识的同时，也一边在大力传播英法等邻国的民主、自由、法治思想的种子。更重要的是，当时的普鲁士，已建立起了宪法、刑法、民法、劳工法和行政法等一系列完备的法律体系。而在"开明专制"的政策指导下，当时的德国，甚至可以说比英国更重视工人、农民的权利。因为英国的资本家，大都是一些极端自私自利的自由主义者，他们都只是把工厂工人和农村失地农民看作"两条腿的廉价劳动力"，而腓特烈大帝却始终都认为："劳工是一项宝贵的国民财富，它的品质会因失业而变坏。"只有大批受过良好教育、有稳定的工作和良好的福利待遇的工人、农民，才是这个国家富强的保障。而这种"保障"，又必须依靠"公平正义"的司法制度来作保障。因此当时，腓特烈大帝就十分尊重和爱护自己臣民们的权利，而在腓特烈大帝的身体力行之下，普鲁士亦渐渐地形成了一种“厉行法治”“在法律面前人人平等”的优秀法治传统。

只有了解了这些背景之后，我们才能明白：腓特烈大帝为何会被磨坊主告了两次。而“磨坊主告国王”的故事，为什么只能发生在德国，而绝对不可能产生在世界上任何其他的国家。

1786年，这位以身作则、厉行法治的腓特烈大帝驾崩，腓特烈·威廉二世成为普鲁士新的国王（注：与那位后来发动了第一次世界大战的德国皇帝威廉二世并非是同一人）。这位新国王登基的第二年（1787年），可能是由于像腓特烈大帝那样热爱田园风光，并把这座老磨坊视为无忧宫一个极好的装饰品的缘故吧，这位威廉二世，便命人拆除了那座已经有50年历史并即将要倒塌的老磨坊，并且自掏腰包，请一位荷兰工匠来修建了一座有三层顶楼的荷兰式风磨，并继续出租给磨坊主科格来经营。这座磨坊，便是今天游客所能见到的那座“无忧宫花园里的老磨坊”了。

事实的真相追踪至此时，读者眼中所看到的18世纪德国，便完全是一个法治的德国和几位努力使司法公正的国王。但不知何故，自腓特烈大帝去世后开始，亦即威廉二世执政之时开始，一个关于“德国国王因不堪忍受大风车的嘎嘎吵声而派兵野蛮拆迁老磨坊，而磨坊主则通过法院的途径去告倒了大国王”的故事传说，便突然开始在西欧的大地上悄悄流传。

据现代德国学者的考证：这个不知是因为什么，也不知是出自哪一位文人之手的故事传说，第一次出现在公众的面前时，是在1787年（腓特烈大帝死后的次年）。其最早的文本，也不是以德语的形式，而是以法语的形式，出现在一本匿名作家写作的名为“Vie de Frederic”（《腓特烈传》）的法文传记中。但很快，这个传说故事的德文版本，经过一番“以想象包裹着事实”的改编之后，就“出口转内销”回到了它的发源地——德国，而且，内容中更加入了一些发生在相隔遥远地方的传说故事，例如，加入了一个关于腓特烈大帝如何受一位狡猾的磨坊主欺骗而去干预法院公正的判决、如何本着一片“为民做主”“主持正义”的好心却反而办了坏事、将一众坚持正义的法官错误地撤职查办、投入监牢的不幸故事，并将它改编为一个德国法官不畏强权、坚持“司法公正”的感人故事。

而对于这些改编得面目全非的传说故事，那位新国王威廉二世不仅没有龙颜大怒、怒斥其“失实”，反而从这些传说中找到了很多的乐趣。他认为：这些传说，恰好反映出了他的伯父腓特烈二世是一位“公正”的国王，而且，腓特烈大帝的那句名言：“不能再允许臣民的权利因贵族的专制而受到损害了，因为，臣民的存在和工作，是国家兴盛的最好保障”一语，亦是以形象的方式来表明了腓特烈的历史功绩之一——在发展经济的同时，亦以厉行公正的“法治”来保护臣民的权利。因此，此后历代的普鲁士国王，都非常乐意见到这些传说在德意志诸邦和欧洲流传。

1821年，第三任磨坊主科格的遗孀因磨坊的生意惨淡，而想把它卖给她的邻居——威廉三世。虽然威廉三世冷淡地拒绝了，但1840年，另一位新国王腓特烈·威廉四世却主动买下了这座又残又破的老磨坊，并修葺一新，使它成为无忧宫花园里的一个组成部分。由此，波茨坦地区当年的40多座大风车磨坊里，便只有这一座，能成为唯一的幸存者而保留了下来。而从这一系列事件中，渐渐地，又产生出了另一段传说，即那段关于德国皇帝写信给磨坊主，并随信赠他6000大元，希望他能好好保存住那座老磨坊，并为德国保存住那一种法治的精神的动人后话。

到1871年，那位第一次统一了德意志全境并在法国的凡尔赛镜厅里加冕为德国第一位皇帝的威廉一世，更宣布这座老磨坊为“历史磨坊”，并把它作为一个炫耀历代德国帝王的文治武功，借以鼓吹狂热的“日耳曼民族优越论”和忠君主义、爱国主义的教育基地，免费开放给全德国的人民来参观。从此，这座老磨坊的传说，便一代又一代地，开始在全体德国人的集体记忆里流传。

至此，对这个老磨坊故事的真相及其传说的种种来龙去脉，相信读者会开始得到一个比较清楚的认识。此时此刻，我首先要感谢我的德国朋友在资料搜集方面对我的大力帮助，同时，我更要深深地感谢那位在网上对我提出了尖锐批评的读者。正是由于这位读者的批评，才促使我去进一步查清了整件事情的真相，从而，得以去认识错误和纠正这个在中国法学界流传了将近100年的故事。但是，在郑重地向本书所有的读者道歉之后，我还是想在本书的再版里，将第一版中那个原来的“传说”保留下来。这里面的原因有二。第一，这个故事，虽然在资料考证方面有错，但我却始终认为：这是近百年来，中国法学界中那些关心祖国的前途、民族的命运、人民的幸福，从而热切地期盼“法治”、推动“法治”的专家学者们（包括我这个小人物）所建的一项“最失败的工程”，而同时，就正如“比萨斜塔”那样，是这些醉心法治的工程师们所犯的一个“最美丽的错误”。第二，我从来就没有怀疑过杨昌济前辈的学识人格和道德文章，更从来就没有忖测过杨老先生是否会因想哗众取宠而去乱编故事。我深深怀疑的只是：在德国发动第一次世界大战的前夕，在杨老先生赴德国考察的时候，他从德国当时那些善于迎合统治阶级意志、喜欢伪造历史、改编故事、鼓吹狂热的民族主义和忠君爱国主义的学者们口中听到的这个传说，其故事的主角，便早已就符合逻辑地从“普鲁士国王腓特烈大帝”，而悄悄地被改编成了“德国皇帝威廉一世”！

换言之，杨昌济先生当时记录下的这个传说，在当时，便显然被许多德国人和德国学者们坚定不移地确信为一种“史实”了！

我个人认为，这可能便是“老磨坊故事真相”背后的另一种真相。

而今日回首，这一大段传说故事发生、演变的全过程，不也正是另一种非常深刻、非常耐人寻味的“史实”？

因此，写到这里时，对于许多读者朋友曾向我质疑过的一个问题：“在德国这样一个曾挑起过两次世界大战的军国主义国家里，是否可能会像你所说的那样，存在一种‘司法公正’而民众则‘有事情就找法院’的优秀法治传统？”对于这一个问题，我相信，凡是耐心读完了这两篇“老磨坊故事”的读者，都可能会得出这样的一个结论：“这不仅是可能，而且，是事实。”因为，正如英国史学家赫·乔·韦尔斯在他那部著名的《世界史纲》里说过的那句名言那样：“普鲁士化了的德意志，是西欧最新同时也是最陈旧的事物。它是那个时代里最好的也是最坏的国家。”而要详尽地解说这一种极其复杂的历史现象，那看来，是远远超出了本书既定的话题了。不过此时，最令我欣慰的，是一位专业的法律学人在网上的感言。他原来对我写的那个“老磨坊故事”也有许多尖锐的质疑，但当他弄清楚那些错综复杂的“史实”与“传说”，并终于学会了“跳出法律来看历史”之后，他便情不自禁地在自己的博客上发表了一则这样的感想：“游人（尤其是学习法律之人）到波茨坦旅游不观看此磨坊，则终生遗憾矣。”

我将他这句发自内心的共鸣，视作是对我这本小书一种极大的鼓励。

法学链接

无独有偶，我们中国的唐都长安，也曾经发生过这样一个“老磨坊故事”。

据《旧唐书·李元纮传》的记载：公元710年，武则天的女儿太平公主倚仗权势，强行霸占了长安城东部一家寺庙的一座老磨坊。面对着这个“皇帝女”的胡作非为，那家寺庙的老和尚却未能看破红尘，居然将这个皇帝女告到了万年县的县官那儿。

当时的长安城，以朱雀大街为界，分属两个县管治——西边叫长安县，东边叫万年县。而万年县的县官，就正是那位一向以清正廉明、执法不阿而著称的李元纮。当日，他开庭审案，当查明事实之后，他二话不说，就判令太平公主的家丁将磨坊归还给老和尚。但此时，李元纮的顶头上司却急急召见李元纮，并厉声斥责，要他马上改判。但秉公执法的李元纮，却丝毫不为所动，他在此案的判决书上，挥笔写下了大义凛然的两句结语：“南山或可改移，此判终无摇动！”然而，他深深地知道：不乖乖地按上司的旨意去改判，等待着自己的命运将会是什么，因此，当写完这两句话之后，他把笔一丢，将乌纱帽摘下，便仓皇逃命，不知所终。

对比一下这两个相隔千年、相去万里的“老磨坊故事”，中国读者，除了为东西方法官的不同命运而扼腕叹息之余，或许，还会对我们自己的法律文化传统，产生一种更深刻的认识。

德国国会大厦：司法正义的“不死鸟”

“我们所看到的法律污点，都是人类用自己的手涂上去的，这些手，也同样可以将那些污点抹去。”

——美国法理学家J.M.赞恩：《法律的故事》

我们的“法律之旅”在德国行走了许多地方——先从柏林去到波茨坦，再从波茨坦去到莱比锡，现在，我们又从莱比锡回到了柏林。

众所周知，柏林，是一座多灾多难的城市。然而，许多人却不知道，柏林又是一座绿树围城、生机盎然的城市。从我们所住酒店 30 楼的高空鸟瞰柏林，只见清清的斯普里河从城中蜿蜒流过，市区的东西两端分布着大片大片的森林湖泊。无数幢外墙粉刷成鲜艳的红、黄、蓝色的现代化高楼大厦，与众多洁白的古宫殿建筑群点缀在绿树丛中，阳光下，处处像一个色彩斑斓的童话世界，令你怎样也无法想象，第二次世界大战在这里结束时，此地，竟然只有遍地的瓦砾和废墟。

照片：1945年4月26日，苏军对柏林发动总攻。这张照片拍摄于1946年，被炸后的国会大厦千疮百孔。

从东柏林沿着著名的菩提树下大街往西柏林走去，前面赫然出现了那座柏林市的标志性建筑物——勃兰登堡门。这座始建于200多年前的柏林“凯旋门”，原来是普鲁士国王威廉二世（在位时间为1786—1797年）为纪念其伯父腓特烈大帝的显赫武功而建造的。它的顶部，矗立着一尊胜利女神手执兵器、驾着四马战车飞奔的巨型雕像，雕刻之精美，丝毫不亚于罗马、巴黎那些杰出的艺术珍品。而当年那道举世著名的“柏林墙”，便曾紧贴着它的身后穿过，把好端端的一个城市，人为地分割成两个水火不容的世界。今日，这座著名的“柏林墙”，早已在1989年东欧剧变时被柏林人推倒了，当年铁丝网林立、军警杀气腾腾的勃兰登堡门，已成为一个万千游客熙熙攘攘的旅游好去处。昔日东西方之间种种

照片：国会建筑失火后的惨状。

“冷战”“热战”的硝烟早已烟消云散，那道曾连绵 165 公里的柏林墙也早已荡然无存，今日的勃兰登堡门下，只有一些小贩在向游客兜售当年柏林墙的残砖碎片。我们好奇地挤上前问问价钱——大的 15—25 马克，小的 7—5 马克。价钱倒是不算贵，但试想想，如果我们不远万里地从德国背几块烂砖头回国，别人知道了，一定会笑我们是头号的傻瓜。

漫步在绿树葱茏的柏林街头，柏林的城徽——一只笑容可掬的小狗熊雕像随处可见。但此时，我们却急于寻找柏林城另一座建筑物——国会大厦。那座曾被希特勒的冲锋队一把大火烧了个通天、后来又被苏联红军的猛烈炮火轰得百孔千疮的古老建筑物，在历尽战火、饱阅沧桑之后，今时今日，你可还好吗？

一抬头，原来，国会大厦就正紧邻在勃兰登堡门的旁边。于是，我们绕到共和国广场，从正面向它走过去。当我抬眼一望时，我简直不敢相信自己的眼睛——以前，在我的印象中，德国的国会大厦是一座被炮火炸得摇摇欲坠的半废墟，但如今矗立在我们面前的，却是一座美轮美奂、彩旗招展的宏伟宫殿！那个举世闻名的圆形屋顶、那个在“二战”时曾被苏军炮火打得粉碎的地方，现在，又重新崛起了一个更高更大的银光闪闪的“玻璃蛋”。远远望去，绿树蓝天、石墙银顶，塔楼上飘扬着几面黑红黄三色的国旗，古典艺术与现代建筑完美的结合，使这座古老的大厦焕发出无限的青春活力。

走上国会大厦高高的台阶时，我不禁忆起了 70 年前那宗举世震惊的“国会纵火案”，以及那场举世瞩目的“莱比锡审判”的法律故事。

那是在 1933 年 2 月 27 日晚 9 时 15 分，这座庞大的石头建筑物里突然冒出了冲天的大火。5 分钟后，熊熊的烈焰便烧穿了国会大厦的圆顶。在漆黑的夜幕下，在烈火、浓烟和刺耳的消防车尖叫声中，当时任德国总理的法西斯党大魔头希特勒和他的爪牙戈林、戈培尔等人，也神秘地出现在这台阶上。15 分钟后，全德国的人民便从广播电台上听到了希特勒的狂呼：“这是共产党的阴谋！逮捕一切共产党人！”随着希特勒的叫嚣，当晚，纳粹党

位于莱比锡的德意志帝国最高法院，现在是德国最高行政法院所在地。

的冲锋队员便神速地在 2 小时内逮捕了 1 万多名共产党员。第二天，国会大厦的余烟未熄，希特勒便颁布了一项法令：删除《魏玛宪法》中有关保障公民的人身自由、言论自由、集会结社自由的条文。紧接着，希特勒又颁布一项法律：德国唯一合法的政党就是"国家社会主义工人党（简称纳粹党）"，任何加入或组织其他政党的人一律要判处徒刑。就这样，通过这场"国会纵火案"，全德国的反法西斯人士几乎被一网打尽。事后查明，这场骇人听闻的国会纵火案，其实就是希特勒、戈林一伙法西斯党徒一手策划和实施的，其目的就是要镇压反对派，趁机实行纳粹党的独裁统治。

当时，为了掩人耳目，他们把一个自称是“荷兰共产党员”的精神病人卢贝、德国共产党主席台尔曼和三名保加利亚共产党员送上了法庭，于是，世界法律史上，便产生了那场轰动一时的“莱比锡审判”。

位于德国中南部的莱比锡，是德国仅次于柏林的第二大城市。我们前几天已去拜访过这个地方。1933 年 9 月 21 日，那场举世瞩目的审判就在莱城的最高法院开庭。审判中，那个在纵火现场抓到的、一直神志不清的荷兰人被判有罪，因为他当时确曾潜入国会大厦，并用一瓶酒点燃过自己的一件衣服。但真正的罪犯却应是戈林。因为,从他的住宅(戈林当时是国会的议长)通往国会大厦地下室的通道里,发现了十多个汽油桶,上面都有法西斯党的标记。据历史记载:法庭上,保加利亚共产党中央委员季米特洛夫不要辩护律师,自己充当辩护人,他慷慨激昂地对戈林提出了反诉:“真正的纵火犯就是你!”长达3个月的审判结果是:虽然季米特洛夫的反诉没有成功,但纳粹党对共产党的诬告却也彻底失败!至少从腓特烈大帝的时代起,就一贯有着优良的“司法公正”传统的德国法官们,冒着丢脑袋的风险,对德共主席台尔曼和季米特洛夫等3名保加利亚共产党人宣布无罪释放,但对荷兰人卢贝则判处了死刑。应该指出的是:在我们的历史教科书上,对“莱比锡审判”一案,一贯是用“臭名昭著”这四个字来形容。但实事求是地看,在当时的德国,在那种法西斯恐怖主义甚嚣尘上的年代,作出了这样基本公正的判决,我们不能不佩服德国法官们的正义感和良心!更不能不感受到德国的法律文化传统那一种伟大的力量。

走进当年那座伤痕累累、今日却焕然一新的国会大厦,据说在1991年,“东欧剧变”西德和东德重新统一后,联邦议会便决定不惜一切代价重新修复这座国会大厦。当时,各方对是否要恢复国会大厦的圆顶曾有过激烈的争论。当年兴建这座大厦时,大厦左右两边的皇宫和柏林大教堂都是圆顶的,为了显示民众与贵族和教会平起平坐的民主精神,因此,国会大厦的主体部分也采用了圆顶。1933年国会纵火案时,圆顶被烧坏了,1945年苏军攻克柏林时，又把它轰成了一座“平顶房”。许多人来信发表意见说：“没有圆顶的国会大厦，就不是德国的国会大厦。”最后，国会讨论终于以多数票作出决定——尊重历史，恢复圆顶。

我们现在看到的国会大厦新圆顶，是一只半球形的“钢铁与玻璃”的艺术组合。德国人亲切地称它为“玻璃蛋”。我们乘坐宽敞的电梯上到国会大厦楼顶的平台，映入眼帘的，是一座晶莹剔透的水晶宫，24 根钢铁龙骨上，安装着几千块大块的玻璃板。这个“玻璃蛋”对公众和游客开放，进入这个直径达 40 米的“玻璃蛋”的内部，有一条 400 多米长的“环蛋公路”一直盘旋上顶，到了顶部，有一个高高的观望台，站在观望台上，俯瞰脚下，国会大厦议会大厅内一切议员们在讨论和制定法律的活动看得清清楚楚，环眺四周，柏林的风光尽收眼底。

如今，这座国会大厦的新圆顶，已成为德意志民族的新骄傲和柏林的一个新标志。德国人自豪地称之为“国家之穹顶”，认为它象征了德国的民主制度。而在我看来，它更像是德国法律传统的一个象征，像一只“公开、公平、公正、透明”的法律正义的不死鸟。这只法律正义的不死鸟，近百年来，在法西斯恐怖统治的淫威之下和连绵的战火摧残中，尽管曾几度遭受重创，但是它却一直坚强不屈。而现在，它又一次重新飞起，飞翔在柏林蔚蓝的天空下。

记得有人曾经说过，历史就如同一枚硬币，有正反两面。对这座举世闻名的德国国会大厦以及由此而产生的“莱比锡审判”事件，我们又何必只看一面呢？

慕尼黑回首：风中的白玫瑰

“新欧洲的基础是：言论自由、信仰自由、保护国民不受国家暴力的任意欺凌……”

——德国反法西斯英雄绍尔兄妹在慕尼黑散发的传单摘句

离开柏林之后，我们驱车南下，越过那条静静流淌的蓝色多瑙河，直奔德国南部边境的一座历史名城——慕尼黑，继续在德国的大地上，追寻法律的印迹。

说起来，慕尼黑是德国南部最大的一个工业城市，著名的奔驰、宝马等汽车制造厂都集中在此地，而同时，她又是德国一个著名的“啤酒之城”。她地处“欧洲之魂”——阿尔卑斯山的北麓，与素有“中欧花园”之称的奥地利萨尔茨堡是鸡犬相闻。漫步在老城区玛丽安广场周边的大街小巷里，除处处可见的巍峨壮丽的大小教堂外，还可以闻到从一些大大小小的、鲜花盛开的啤酒馆里飘出来的酒香。

时近傍晚，同行的德国朋友提议我们找家啤酒馆去“喝一杯”。而且说：“未喝过慕尼黑的啤酒，你们就未算是来过德国。”于是，我们便安步当车，从卡尔门广场的街心喷泉处返回到玛丽安广场附近，寻到了那家大名鼎鼎的、蓝白色霓虹灯招牌上闪烁着两个大大的“HB”字母的“国家啤酒馆”，并在中央乐池的旁边找了张橡木长桌坐了下来，每人都点了4扎啤酒（“扎”是一种厚重的大啤酒杯，每杯一公升）——两扎“黑啤”、两扎金黄色的“生啤”和一只大得惊人的“德国咸烤猪肘”。

当我们品尝着滋味浓烈的慕尼黑黑啤时，我忽然想起了一宗在此地发生过的陈年旧事——希特勒的“啤酒馆政变记”。据说，这家“慕尼黑国家啤酒馆”，便是1923年希特勒率领纳粹党徒们发动“啤酒馆政变”的地方，也是希特勒当上德国元首之前经常来发表演说的地方。但今时今日，当年一切与这个法西斯大魔头有关的痕迹均已被扫除得一干二净了，而唯一留存下来的，便只有一种酒客们边狂饮啤酒、边用厚重的啤酒杯“砰砰嘭嘭”地狠砸桌面来为军乐曲伴奏的传统。

我们花了10欧元（相当于人民币100元），请乐池里的铜管乐队为我们演奏两首中国的进行曲——《中国人民解放军军歌》和《团结就是力量》。而当激昂嘹亮的“向前、向前、向前……”的鼓号声高奏起来的时候，霎时间，那家“HB”啤酒馆的大厅顿时沸腾起来——突然有许多不知从哪儿冒出来的中国游客们，不分男女老少，都一齐应和着《中国人民解放军军歌》的雄壮节拍，而起劲地用厚厚的大啤酒杯来敲击桌面。我们手拉着手、肩搭着肩、高举着金黄色或琥珀色的啤酒杯来激动地互相碰杯，并且扯开嗓门，又蹦又跳，眼中泛着泪光，在异国他乡的土地上，一起来了场气势磅礴的“中国军歌大合唱”。

好了，闲话休提，言归正传。我们这一次的慕尼黑之行，其主要的目的，当然不只是来痛饮啤酒、狂唱军歌，来宣泄一下中国人民的爱国主义情怀，而是要来追寻一支德国的野玫瑰——一支在阿尔卑斯山的冰天雪地中永不凋谢的白玫瑰。而这支圣洁的，以人类的“良知”来反对纳粹“恶法”的“白玫瑰”，就是德国历史上的“十大伟人”之一、慕尼黑大学的反法西斯英雄——绍尔兄妹。

长久以来，一提起德国，世人的心目中便会浮现出“法西斯”“党卫军”“集中营”“焚尸炉”等可怕的字眼，却很少有人会知道：在中欧这片秀美的河山上，自古以来，德国，却也曾经是一个文化兴盛、法治昌明、思想自由、产生过无数伟人巨星的伟大国家。

未来慕尼黑之前，我们就知道：2003 年年底，德国电视二台曾举办过一次轰动全国的“评选德意志俊杰”的盛大活动。据说当时，有一千多万名电视观众参与了投票选举（德国的总人口才 9000 万），并从德国近千年的历史上，评选出了德意志全民族众望所归的“十大伟人”。其中，慕尼黑的“绍尔兄妹”便以 500 多万张得票而高居于第四位，与战后曾一手领导德国从废墟中爬起的德国总理阿登纳、一手领导了德国著名的宗教改革运动并在全球拥有七亿信徒的新教领袖马丁·路德，以及伟大的共产主义者马克思比肩而立，而远远位居于巴赫、瓦格纳、歌德、尼采乃至爱因斯坦等各位音乐、文学、哲学和科学的煌煌巨星之前。

德国纳粹在国会大厦召开会议。

绍尔兄妹的老照片。

绍尔兄妹广场上的“白玫瑰纪念碑”。

而这“绍尔兄妹”又是何许人也？说出来你也许不信，他们只不过是慕尼黑大学两位年轻的大学生。

但作为两位反法西斯英雄来说，他们的英雄气概和高贵事迹，在德国却是家喻户晓。

汉斯·绍尔（Hans Scholl）生于1918年9月22日，苏菲·绍尔（Sophic Scholl）生于1921年5月9日。1942年的深冬，当纳粹军队在欧洲战场上节节败退时，他们在慕尼黑闹市里散发了大量的传单，号召人民起来推翻法西斯的暴政、重建德国的“民主自由”，而当他们被纳粹党法庭判处死刑的时候，哥哥汉斯仅24岁，而妹妹苏菲尚不足22岁。

追寻着德国法律史上这黑暗的一页，次日清晨，我们一大早便来到了慕尼黑北郊的路德维希·马克西姆利安·慕尼黑大学。

这座始建于15世纪的、全德国规模最大的大学，其校名的前面，便一直都冠以两个古代国王的名字。而被捕前，绍尔兄妹就正在这所德国最著名的大学里学习医学和政治学。

说起来，出生于两次世界大战之间的绍尔兄妹，从一出生，便目睹着德国在“一战”战败后的种种惨况——领土被瓜分、政府要割地赔款、工厂倒闭、大量失业的工人农民流落街头，等等。因此，满怀着一腔的爱国主义，绍尔兄妹正如当时许许多多热血沸腾的德国青年一样，一度曾被“希特勒是德意志民族崛起的大救星”的流行思潮所迷惑，而早在十多岁的时候就加入了乌尔姆市的“希特勒青年团”，哥哥汉斯甚至还在纳粹党的纽伦堡会议上，成为4000名乌尔姆市青年团的旗手。不过，自那次大会之后，汉斯·绍尔很快就认清了纳粹党反民主、反自由、反人权、反法律正义的丑恶面目，于是，失望的汉斯，开始勇敢地走上了反对法西斯极权主义的道路。

中学毕业后，汉斯·绍尔曾一度被征入德国国防军，服役期满后，他离开兵营，进入了慕尼黑大学学习医学。但1939年9月1日，德军突然袭击波兰，第二次世界大战随即爆发。隆隆的炮声，无情地粉碎了慕尼黑大学里所有学生平静的校园生活。当时，医科学生在假期时必须征调到前线去救护伤兵。1942年6月，在被迫卷入了侵略战争、目睹过战争的野蛮、纳粹德军对被征服国家人民的残暴屠杀之后，汉斯·绍尔毅然在慕尼黑大学的学生中组

德国于1961年发行的绍尔兄妹纪念邮票。

织了一个反战、反纳粹的地下组织——“德国抵抗运动”。在其后的半年里，他们在慕尼黑到处散发传单，传单中，愤怒地揭露了希特勒军队在欧洲大地上犯下的滔天罪行，并强烈地号召德国人民：“从希特勒嘴里说出的每一个字都是谎言！推翻法西斯政权！制止战争！”而每份传单的最后署名都是——“白玫瑰”。

众所周知，历史上，慕尼黑曾经是德国纳粹党和希特勒法西斯主义最早的发源地。现在，这个德国法西斯的“后院”却忽然起火，而这支带刺的白玫瑰，无疑就像是一把插向法西斯党心脏的尖刀。

当法西斯主义的滚滚寒流正在席卷欧洲，当寒光闪闪的德国战车正在横扫一切的时候，这支在慕尼黑的冰天雪地里迎风绽放的白玫瑰，不正显示了德意志民族一种高贵的勇气与良知？

说起来，这个“白玫瑰”组织的成员并不多，只有 8 人。除了两名乌尔姆市（绍尔兄妹的故乡）的中学生之外，其余 6 人，均为慕尼黑大学的教授和学生。但就正是这 8 个人，却成为第二次世界大战时期德国的“平民勇气”和“知识分子良心”的最伟大代表。汉斯·绍尔的妹妹苏菲·绍尔，是一个温柔娇小的姑娘，但也是这个战斗组织里最积极最活跃的一个。在她和哥哥一起被捕的前几天，曾有朋友劝她说：不要以一介书生的微小力量，去对

处决绍尔兄妹的断头台。

抗整个邪恶的国家机器时，这个温柔娇小的姑娘却坚定地说："我们不能再沉默。已经有太多的德国人、欧洲人因为这个暴政而死，现在，应当有人为反抗这个暴政而死了。"于是，她视死如归，又继续携带着大量的传单走向了街头。音乐家胡伯教授是"白玫瑰"的核心成员，绍尔兄妹所散发的最后一份传单，便正是出自他的手笔："自由与尊严！十年了，这两个美妙的词语被希特勒及其同伙榨干了汁液、砍尽了枝叶、拧歪了脖子，让人一听就忍不住恶心。只有像希特勒这样拙劣的业余演员，才能如此成功地把一个民族至高无上的价值观念扔进猪圈里。十年来，他们剥夺了德国人民所有物质上和精神上的自由，毁灭了德国人民全部的道德基础……1813年，我们曾经战胜过拿破仑的暴政，现在，我们要用同样的精神力量去摧毁纳粹党的暴政！"

而在汉斯·绍尔自己执笔撰写的一份传单中，他甚至提到了一项未来欧洲解放道路的基本原则："新欧洲的基础是：言论自由、信仰自由、保护国民不受国家暴力的任意欺凌。"而60年后，在那份由法国前总统德斯坦起草的《欧洲宪章》中，我们可以很惊讶地发现：汉斯·绍尔这些闪光的思想，便几乎是一字不差地被写入了今日的《欧洲宪章》之中！

怀着一种对这些民主斗士、法治先驱们的崇敬，我们下车步行，走进了慕尼黑大学的校园里。

据同游的德国朋友介绍：1943年2月18日，当汉斯·绍尔和苏菲·绍尔第六次在慕尼黑大学校园里散发传单时，终于被人告发，被纳粹党的秘密警察——盖世太保逮捕了。5天之后，这一对英雄兄妹，便在慕尼黑郊外的斯塔德海姆（Munchen – Stadelheim）监狱里被当时的“人民法庭”以“阴谋颠覆国家罪”和“通敌叛国罪”的罪名推上了断头台（注：1933年“国会纵火案”事件后，希特勒对“莱比锡审判”中德国法官的“司法公正”传统大为不满，于是，他上台不久，便一脚踢开了原先的德国司法系统，而任命了大批纳粹党徒，另立一个没有法律、没有程序、没有律师、没有正义，而只听从纳粹党指令的“人民法庭”，来为他的法西斯专政服务）。这个纳粹党的法庭，向来以毫无人性、践踏公义而著称。而最令人震惊的，就是它执行死刑的方法，竟然还在沿用着150年前法国大革命时期臭名昭著的断头台斩首方式！据史载：行刑前，狱卒把绍尔兄妹和另一位同时被捕的“白玫瑰”成员普罗普斯特带到断头台前，他们边默默打量着这具丑恶的杀人机器，边在一起共同抽完了生命中的最后一支烟。普罗普斯特说：“再过一会儿，咱们便在永恒中再见。”然后，苏菲打头，以惊人的平静，第一个登上了断头台。据狱卒的回忆说：“她连眼皮都没眨。”而踏上断头台时，汉斯则振臂高呼道：“自由万岁！”

行刑后，狱卒在清理牢房时，发现了一份对苏菲的起诉书。而起诉书背后，则赫然写着一个同样的大字——“自由！”

就这样，1943年2月22日，在一个冰天雪地的隆冬里，而同时也是在一个春天的气息触手可及的日子里，有三个青春的头颅，在寒风中，满怀着“自由”的理想，在深情地拥抱着慕尼黑的大地……

即使在当时，“白玫瑰”这三个字，也已经成为德意志民族在纳粹党统治下争取自由、争取民主的伟大象征。而35年后，即1968年，这两位反法西斯英雄的母校——慕尼黑大学，便把战后重建的政治学院命名为“绍尔兄妹学院”，并将大学主楼前的广场，命名为“绍尔兄妹广场”（位于马路对面、路德维希大街东侧的那个广场，则命名为“胡伯教授广场”）。而在“绍尔兄妹广场”上，更建造了一组独特的雕塑，来对这两位反法西斯英雄作永恒的纪念。

漫步在如今鲜花盛开的绍尔兄妹广场上，我发现：那组雕塑的设计创意非常独特——它不是采用人们通常惯见的那些高高矗立在蓝天白云之下的石碑或石像的形式，而是在广场的铺路石中，嵌入了许多块白色的大理石，做成了一张张自由地飘落在地面上的“白玫瑰”传单的样子。当人们低头阅读、漫步追寻着这些传单的时候，那一段可歌可泣的历史，那一种天地之间的浩然正气，便会随着你追寻的脚步，而不知不觉地在你的胸中升腾。

步出广场，走进慕尼黑大学的主楼，在楼下大厅的一侧，我们还看见了一个简朴的“白玫瑰纪念室”。纪念室中央，矗立着一尊苏菲·绍尔的雕像，四面墙壁上，布满了许多关于“白玫瑰组织”活动的浮雕，有许多男男女女的德国大学生、中学生正在此地参观凭吊。而苏菲的雕像前，更静静地立着一支含苞待放的白玫瑰。工作人员告诉我们：这儿的一年365日，无论是百花吐艳的春天，还是冰天雪地的寒冬，日日都必定会有人来献上一支新鲜的白玫瑰。因此，苏菲像前的这一支玫瑰，便真的可说是一枝永不凋谢的白玫瑰了。

而在紧邻着斯塔德海姆监狱旁的切拉泽（Cerlacher）森林墓地里，在两个用黑色的大理石十字架刻着绍尔兄妹名字的墓前，我们发现这里更是一个白玫瑰的海洋——这儿没有巨大的纪念碑，也没有华丽精美的天使或女神雕像，那个简简单单的十字架周围，只有德国人民和外国游客自发献上的成千上万朵白玫瑰，一年四季，日日都在这森林的微风中静静地绽放。

当我们伫立在苏菲墓前的时候，有一位德国老人也在苏菲墓前点燃了一盏长明灯。只见他凝视着墓前遍地在风中绽放的白玫瑰，用德语不停地对我们说："Sie hat unsere Demekatie gebaut。"

德国朋友把他的话翻译给我们听："他说：是她铸就了我们的民主。"

于是，我们——这一群中国人，便在那白玫瑰的海洋里，在绍尔兄妹墓前的青草地上，静静地，插上了一支从慕尼黑老城区花店买来的白玫瑰。

恶法非法：纽伦堡大审判

"真正的法律必须是与道德保持一致"。

——20世纪美国法学家富勒：《法律的道德性》

很早就听人说过：德国人是一个极端遵守法律和纪律的民族。先前，我们在柏林参观夏洛特王宫时，听人说过这么一个真实的故事：1917年，德国斯巴达克同盟（德共的前身）在柏林发动十一月革命时，起义者只会一味地在王宫门前奋勇冲锋，发动一次又一次的猛烈进攻，伤亡惨重，尸积如山，可就是无一人会越过草地去进行两侧的包抄。原因何在？据说，是因为当时草地上竖立着一个小小的牌子，上面写着4个字："禁止穿行"。

即使是在革命造反的时候也不忘"守法"！这个故事深刻地道出了德国人的民族性。

但正如一枚硬币有正反两面一样，这种"守法"的民族性的另一面就是"盲从"，不问情由地盲目服从和坚决执行一切"法律"指令，这种性格，有时候便造成了这个民族的浩劫。

不幸的是，第二次世界大战时，德国人这种既可敬可佩而又可悲可叹的民族性，造成的不仅仅是自己民族的浩劫，而且，更造成了世界人民的浩劫！在纳粹党的残暴法令下，德国军队和警察杀害了欧洲各国至少2000万的平民，其中，有男人、有妇女、有孩子，还有600万完全是手无寸铁的犹太人。战后，当这些杀人狂魔在法庭上受到审判的时候，他们竟振振有词地以“执行命令不算犯罪”来为自己的罪行找借口。如何将这些罪大恶极的“执法者们”绳之于法？一时间，对人类真正的法律、对法律的“公平、正义”，倒是构成了一个巨大的考验。

于是，第二次世界大战结束后，在德国，便发生了一场举世瞩目的“纽伦堡大审判”。

现在，离开慕尼黑之后，我们又往北越过那条著名的多瑙河，来到了德国东南部一个美丽的小城——纽伦堡。

纽伦堡是巴伐利亚州的第二大城市，人口50多万。它地处多瑙河的北岸、波希米亚山的西麓，一条小小的运河从它的城中穿流而过，雪峰青山、湖光白云，使这座小城的风光美得令人心醉。

我们几经问路，才找到了当年进行“纽伦堡审判”的那座司法宫。放眼望去，这座司法宫完全不像我们见惯了的那些政府大楼的模样：它既不高大，也不庄严；既不是雄伟的石头建筑，也没有那些巨大的罗马柱和满墙的浮雕。它就像一座典型的巴伐利亚州乡间地主的别墅庄园，矗立在数十株疏疏朗朗的古木下。然而，就在这座庄园里，却曾经进行过一场人类历史上最永垂不朽的审判。

美国联邦最高法院大法官罗伯特·杰克逊在纽伦堡担任审判纳粹的美国首席检察官。

纽伦堡审判期间的赫尔曼·威廉·戈林（带墨镜者）和其他纳粹高官。

1945 年 10 月，一个由英、法、美、苏 8 名法官及一大批法警、宪兵组成的“国际军事法庭”曾云集此地。他们要审判的是：除希特勒、戈培尔、希姆莱 3 个已死去的法西斯党魁之外，还有其余 23 名纳粹党匪首和战争狂人。他们肩负的任务是：按严格公正的司法程序去进行一场公正的审判，去伸张人类的正义。而他们面对的最大挑战是：怎样用人类社会固有的法律正义，去裁决德国纳粹党徒们那些“史无前例”的罪行？

随着司法宫工作人员的引领，我们走进了那座钉有“600 号审判室”字样的审判大厅，这里的法庭布置和一切物件，据说都保持着当年审判纳粹战犯时的原样，而 1945 年 11 月 20 日，那幕激动人心的“纽伦堡大审判”就在这座宽敞的大厅里上演。据说，当天上午 9 时 55 分，8 位大法官鱼贯出庭。两名美国法官和两名英国法官都穿着黑袍，两名法国法官身穿着褐色长袍，而两名苏联法官则身穿棕色的军服。当 8 名法官全部入座之后，上午 10 时整，“国际军事法庭”的首席法官、英国上诉法院大法官杰弗里·劳伦斯把法槌一敲，所有纳粹战犯们，便被荷枪实弹的宪兵从大厅侧边一扇小门，押上了审判厅中央的被告席上。他们是戈林（纳粹党二号领袖、国防部长、国会纵火案的元凶）、里宾特洛甫（纳粹党四号领袖、外交部长）、凯特尔和约德尔将军（陆军元帅）、邓尼茨将军（海军元帅）、施佩尔（军备部长）、沙赫特（经济部长）、纳粹党波兰总督汉斯·弗兰克，以及德国国家银行总裁瓦尔特·冯克等，一共 23 名。

审判期间，纳粹暴行的证据展示。

在这些纳粹战犯中，戈林的态度最为嚣张。从司法宫保存的一大批当年的珍贵照片来看，他一直都摆出一副毫不在乎的样子，但有时又像个中学生那样，很紧张地拿着个小本子记录着法庭对他的指控。大多数战犯看上去都像丢了魂，而几位陆海军元帅都一直是坐得笔直，像一具具面无表情的僵尸。这些战犯们，都曾一度高踞于希特勒法西斯党最有权势的宝座上，现在，被剥去了头上的光环，穿着不合身的旧衣服，他们一个个都无精打采，看上去与普通的街市小民没有什么两样。

在公诉人对他们的战争罪行进行指控时，这批战犯们都无一例外地回答说：自己只是奉“上级命令”而行事。但，对他们的种种狡辩，国际法庭的公诉人之一、美国的杰克逊大法官却给了其当头一击。他义正词严地对着法庭发表了他那篇义薄云天的演说：“有一个不容否认的事实是：纳粹党徒，在一个相当大的范围里对人类犯下了前所未有的残酷罪行！谋杀、拷打、奴役、种族屠杀这些行为，不是早已被全世界的文明人认定了是一种罪行吗？我们的提议，就是要惩罚这些罪行！”杰克逊法官接着说：德国法西斯党的种族屠杀、践踏公民权利的“法律”与“法令”，是与人类最基本的道德与人性完全相悖的“恶法”。任何一个有良知的人，都不会执行这样的“恶法”；而这样的“恶法”，亦不能成为任何人拿来为自己的犯罪行为作辩护的理由。一句话，“恶法非法”！这批昔日穷凶极恶的法西斯匪徒们，开始哑口无言了。

在其后的 3 个多月时间里，公诉人向法庭提交了这 23 人的大量罪证。这些证据，包括了几卡车纳粹党和政府的指令、报告、日志、信件和私人日记。白纸黑字，铁证如山，证明这些纳粹党徒们确实犯下了大量令人发指的罪行。某日，法庭播映了一部名为“纳粹集中营”的影片，在这部长达 100 多分钟的电影里，真实地反映了达豪、布痕瓦尔德和波尔根三座死亡营的状况——一个画面是一座推土机，正将堆积如山的尸体推入挖好的坟墓里。另一个画面是党卫军将一大批囚犯带进一座仓库，然后用水龙头向仓库内喷射汽油，再放火点燃。还有一个画面是几百名小孩被活活地抛入焚尸炉……另一部影片，是德军自己拍摄的在乌克兰一场大屠杀的真实记录——一支盔甲鲜明的德国党卫军部队，押着5000名犹太男女老幼来到一个深深的大坑旁。没有哭泣，没有尖叫，他们被迫脱光身上的衣服和戒指、首饰，每个家庭都站在一起，互相紧握着手……一个黑发苗条的女孩从镜头前行过时，对着镜头指指自己，忧郁地说："23岁。"然后，100支党卫军的自动步枪"突突突"地开火，5000名遇难者血肉模糊的尸体，都被掩埋在那个巨大的深坑里……

被告们都被惊呆了。沙赫特转身背着银幕不敢看下去，戈林瞪大无神的双眼，其他被告全部都显得心烦意乱。据说，后来在法庭上，戈林说："他们一放那部可恶的电影，我就知道，一切都完了。"

是的，从这一刻开始，便真的是一切都完了。杰克逊法官的演说，变成了"国际法庭"钢铁一样的意志——"恶法非法"！一切纳粹匪徒的狡辩都无用了。而他们自己，便再也不敢说自己是"无罪"了。

1946年3月6日，指控程序结束。其后，律师们的辩护又持续了5个多月。8月31日，每名被告被给予15分钟作最后的陈述。大多数被告的发言都显得语无伦次，只有凯特尔将军的讲话充满了悔恨："我没有看到，即使是一个军人（以服从命令为天职），作出这样的行为也是不对的……这是我的命运。"

又经过了1个多月，法官们终于再回到这座"600号"审判大厅里，宣布了对这场长达11个月的审判的裁决——23名被告中，有 19 人犯有以下这四种罪行："共同策划或密谋侵略别国罪""破坏和平罪""战争罪""反人类罪"。10 月 1 日，法庭作出最后判决——戈林、里宾特洛甫等 5 名被告四罪俱犯，判决绞刑。6 名纳粹党保安局的首脑、大规模屠杀犹太人的策划人犯有"反人类罪"，亦被判处绞刑。其余 12 名被告被判处无期、20 年、10 年徒刑不等。"同盟国对德管制委员会"拒绝一切赦免请求，也否决了戈林和两位将军要求以枪决代替绞刑的申请。

追寻着当年历史的足印，我们去到司法宫旁边的一座监狱里，参观了当年囚禁这些战犯们的牢房。在这监狱的健身房里，还保留着 3 具当年处决这些纳粹战犯的绞刑架。当年，那些罪大恶极、双手沾满人类鲜血的纳粹党匪首们，就是沿着刚才我们走过的那条昏暗的甬道，走向了地狱。

1946 年 10 月 16 日，凌晨，这一刻值得记入人类的史册。因为从这一刻开始，法律的正义终于得到了伸张。戈林在几小时前已服毒自杀了，美国宪兵们便首先绞死了里宾特洛甫，其他纳粹匪首也一个接一个地被吊上了绞刑架。下午 2 时 45 分，这 11 具尸体被运往慕尼黑的一座火葬场里，等待着这些纳粹党匪徒们的最后归宿，也是他们以前常常把犹太人送进去的同一个地方——焚尸炉。

我们步出司法宫的大门时，纽伦堡的天空，是一片湛蓝。

法学链接

“纽伦堡审判”在世界法律史上的伟大功绩，在于它彻底铲除了德国自“三十年战争”（1618—1648年）以来所形成的那种极其野蛮的军队传统，即那种——“以抢劫为战争的合法行为、以暴行为士兵的特权”的“无法无天”的军队传统，而首次为世界各国的军队创立了一项国际性的法律原则——在战争中，军人对平民的屠杀是一种罪行，要对其负有个人责任。同时，它也首创了一项“反人类罪”，为国际社会今后制裁类似的种族屠杀的罪恶行径，提供了一种法律上的依据。